DAS PRINZIP SONNTAGSBRATEN

7 TAGE HEIMATKÜCHE

DAS PRINZIP SONNTAGSBRATEN

7 TAGE HEIMATKÜCHE

EMF

EIN BUCH DER
EDITION MICHAEL FISCHER

INHALT

BRAUSEBRAND UND MAURERHÜLSE...

Als mich Christoph fragte, ob ich ihm ein Vorwort für sein neues Buch schreiben würde, fühlte ich mich natürlich zuerst einmal sehr geehrt!

Ist doch das „Prinzip Sonntagsbraten" genau die Philosophie, die auch aus meinem kulinarischen Herzen spricht. Die Reduktion auf das Besondere, die Wertschätzung für gute Lebensmittel, die ganzheitliche Verwertung und nicht zuletzt auch mal der Verzicht auf das sonst Alltägliche. All das propagiere ich auch in meinen Büchern und in meiner Arbeit. Christoph aber greift eine uralte Tradition wieder auf, die zu keinem anderen Zeitpunkt besser passen würde als heute. Im Anschluss an seine Frage dachte ich mir aber sofort: „Wie soll ich das denn hinbekommen, ohne dafür mindestens zehn Seiten zu brauchen? Wie könnte ich diese letzten fünf intensiven Jahre auf das Wichtigste konzentrieren?"

Als ich Christoph kennenlernte, stand da vor mir ein riesiger Typ mit einer grimmigen Ausstrahlung und ich wusste, dass sich seine Leidenschaft und auch sein Kochstil um Musik drehten. Vorwiegend um Rap-Musik, mit der ich bis dato noch keine (zumindest positive) Berührung hatte. Nach ein, zwei Sätzen haben wir uns sofort verstanden und es hat nicht lang gebraucht, bis er mich in seiner spontanen und klaren Art für sein Amys Weinhaus anfragte. Ein PopUp-Restaurant, in dem sich die deutsche Crème de la Crème der Kochszene die Klinke in die Hand gibt. Ich wusste gar nicht so genau, warum er mich einlud, aber bis heute darf ich Dauergast in diesem einmaligen PopUp-Konzept sein.

Das ist jetzt fünf Jahre her, obwohl es sich irgendwie anfühlt wie 50, und wir sind sehr enge Freunde geworden. Christoph hat mich unglaublich unterstützt und zwischenzeitlich hatte ich kurz mal überlegt, ob ich nicht einen Zweitwohnsitz in Nordhessen anmelde und mir ein Apartment in Kassel nehmen sollte!

Ich habe selten einen Menschen erlebt, der so klar an seinen Träumen arbeitet, trotz dieser Zielstrebigkeit aber nie die Leidenschaft dafür vergisst. Wie manche Ausnahmemusiker (um hier wieder die Parallele zur Musik zu finden) arbeitet er an einem Projekt und hat nicht nur das nächste, sondern schon das übernächste in der Pipeline! Sei es sein Catering-Unternehmen, sein Restaurant, seine Musik oder seine Bücher... Alles strotzt nur so von Kreativität und Herzblut... Das ist Wahnsinn und dafür bewundere ich ihn sehr.

Er ist ein Workaholic, ein unglaublich toller Familienvater für seine Frau und Kinder, ein erfolgreicher Unternehmer und vor allem ein Bruder im Geiste und ein Freund fürs Leben.

Danke dafür, auf die nächsten 50 Jahre, Buddy!

Dein Lucki Maurer

VORWORT

KANN DIE WELT NICHT RETTEN, ABER FIND' DIE IDEE SEHR GUT!

Die Zeilen aus dem Song von Samy Deluxe waren letztendlich der Wink mit dem Zaunpfahl und der letzte Anstoß für dieses Buch!

Als Familienvater von zwei Töchtern habe ich ständig das Gefühl, in meinem kleinen Kosmos etwas tun zu müssen, doch mich in eine konkrete Ernährungsform zu drücken, sprich kein Fleisch, kein Fisch, vegetarisch oder ganz vegan ernähren ist nicht das, was ich mir vorstellen kann. Aber die Mischung aus tollen Produkten, der richtigen Dosierung und einer großen Liebe und Wertschätzung für die, die es jeden Tag mit der gleichen Liebe produzieren, züchten, pflegen, ernten und auch der viel beschworene Respekt vor dem Produkt sind, glaube ich, das Geheimnis, wie wir es annähernd regeln könnten.

Die Idee war und ist nicht neu und schon gar nicht exklusiv von mir, sondern es ist vielmehr so, dass meine Großmutter und ihre Mutter und vor allem meine Mutter mit drei Sohnemännern das Prinzip aus ganz natürlichen Gründen und, na klar, auch aus finanziellen Gründen perfekt umgesetzt haben.

„DAS PRINZIP SONNTAGSBRATEN"

In diesem Buch habe ich versucht, die Ideen unserer Mütter in vier Jahreszeiten mit vier Wochenplänen, den Möglichkeiten von heute und meinem Gesicht auf den Teller zu bringen. Zur Verstärkung habe ich Freunde und Köche gebeten, mir den einen oder anderen Sonntagsbraten zu spendieren, und so gibt es sensationelle „Gast-Braten", die jeden Sonntag zu einem noch besseren Sonntag werden lassen.

Wir waren an vier unfassbar schönen Orten, haben die Luft geatmet, geschmeckt, gelebt und erlebt, alles angefasst, mitgemacht, direkt verkocht, probiert und so ein Gefühl dafür bekommen, was es heißt, das bestmögliche Produkt zu bekommen. Alle, die wir besuchten, einte diese große Leidenschaft, diese Liebe, dieser Respekt, etwas Tolles zu schaffen und dabei noch mit dieser sehr guten Idee ein bisschen die Welt zu retten.

Viel Spaß und Liebe mit diesem Buch

Christoph Brand

IM FRÜHLING

21./22. MÄRZ – 20. JUNI

↓
↓
↓

IM FRÜHLING

DIE NATUR ERWACHT

↓

REZEPTE IM FRÜHLING

BÄRLAUCHSPÄTZLE UND SPARGELSALAT

↓

PRODUZENT IM FRÜHLING

MATTHIAS PFLÜGER AUS WEISSENBACH

DER FRÜHLING ROCKT!

DIE FENSTER WERDEN AUFGERISSEN, FRISCHE LUFT MUSS REIN UND DIE ÜBERRESTE DES WINTERS MÜSSEN RAUS! ENDLICH SPRIESST NACH DEM LANGEN, DUNKLEN WINTER DAS ERSTE GRÜN, GERADEZU SÜCHTIG NEHMEN WIR DIE FARBEN IN UNS AUF UND KÖNNEN WIEDER MIT KRÄUTERN & CO. EXPERIMENTIEREN!

Als Erstes kann man ihn riechen. Immer gibt es diesen einen besonderen Tag, an dem man vor die Haustür tritt, tief Luft holt und weiß: Jetzt ist er da, der Frühling. Ein leichter, herrlicher Duft liegt in der Luft, eine Kombination aus Moos, Gras und Erde. Also: Runter von der Couch, raus an die frische Luft! Die dicken Pullis und Strumpfhosen werden eingemottet, denn: Alles glänzt in der Frühlingssonne wie neu. Wie neu auch das Gefühl des Erwachens nach dem endlosen, kalten Winter, das erste Eis, das erste Sonnenbad, das erste Mal ausgestreckt auf der Wiese: „Aaaah, ist das herrlich", kann man überall hören. Unter dem Popo eine Zeitung, in der Hand die Kaffeetasse, vor sich Brötchen, Käse, Schinken und süße Teilchen: Die Natur erwacht zum Leben, alles grünt. Dementsprechend blüht auch die Küche auf.

Es ist die Zeit, in der man wieder raus in den Garten geht, frisches Gemüse vom Markt holt oder die ersten Wildkräuter von der Wiese pflückt. So wie der Frühling nach den kalten Wintertagen jedes Jahr aufs Neue die Natur zum Erwachen bringt, können frisches Obst und Gemüse mit reichlich enthaltenden Vitaminen, wertvollen Mineralstoffen und hochwirksamen sekundären Pflanzenstoffen den Körper hervorragend in Frühlingsform bringen. Egal ob einfach roh genossen, frisch gepresst ins Glas als Saft, ob als fruchtiger Obstsalat oder knackige Rohkostplatte – der Vitamin-Kick kommt so abwechslungsreich nicht zu kurz. In der schönsten Jahreszeit kommt der junge Salat erntefrisch auf den Teller, der erste zarte Spargel schmeichelt den verwöhnten Gourmetgaumen und beim Gedanken an den cremig-fruchtigen Erdbeerquark läuft einem sofort das Wasser im Mund zusammen.

Die Natur hat es ganz wunderbar so eingerichtet, dass im Frühlingsobst und Frühjahrsgemüse genau die richtigen Wirkstoffe enthalten sind, die der menschliche Organismus zu dieser Jahreszeit hervorragend gebrauchen kann. Neben frischem Gemüse bringen auch Kräuter den Frühling ins Haus: Dill, Schnittlauch, Petersilie oder Kresse kann jeder sogar leicht selbst auf der Fensterbank ziehen und damit zum Beispiel Salate verfeinern. Wer nicht in den Genuss von selbst angebautem Gemüse kommen kann, sollte darauf achten, regionale Freilandware zu kaufen und nicht auf Gemüse aus dem Treibhaus mit langem Anfahrtsweg zurückzugreifen. Gerade weil der Winter eine karge Jahreszeit für regionale und saisonale Gemüsegenießer ist, bietet die erhöhte Vielfalt im Frühjahr umso mehr Gaumenfreuden. Frühlingsgemüse, sofern es echte Sonnenstrahlen genießen durfte, verspricht eine besonders zarte Konsistenz und einen feinen Geschmack.

SPARGEL BROT BRATEN

Brotsalat mit Spargel, Braten vom Vortag und grüner Soße

ZUTATEN

FÜR DEN SALAT

500 g weißer Spargel
Salz
etwas Zucker
1 Ciabatta/Weißbrot (gerne auch vom Vortag)
2 rote Zwiebeln
100 g getrocknete Tomaten
200 g Braten vom Vortag
1 Handvoll Rucola
100 ml Olivenöl
60 ml weißer Balsamico
1 TL süßer Senf
Salz & Pfeffer aus der Mühle

FÜR DIE GRÜNE SOSSE

1 Bund Grüne-Soße-Kräuter
250 g Schmand
1 TL Senf
½ TL Honig
Saft und Abrieb von ½ Zitrone
Salz & Pfeffer aus der Mühle

FÜR DIE OPTIK

1 Handvoll Grüne-Soße-Kräuter, gewaschen

ZUBEREITUNG

FÜR DEN SALAT

Den Spargel schälen und in 6 cm große Stücke schneiden, leicht salzen und zuckern und beiseitestellen.
Die Ciabatta in dünne Scheiben oder Würfel schneiden, die Zwiebeln schälen und in feine Streifen schneiden. Die Tomaten und den Braten in Streifen schneiden und den Rucola waschen.
Den Spargel ohne die Flüssigkeit, die er verloren hat, in einer Pfanne mit etwas Olivenöl, den Zwiebeln und den getrockneten Tomaten anbraten. Der Spargel darf ruhig noch Biss haben und der Rest in der Pfanne sollte nicht so viel Farbe bekommen. Den Balsamico mit dem süßen Senf verrühren und über den Spargel, die Zwiebeln und Tomaten in die Pfanne geben, einmal aufkochen lassen. Den Braten mit Fingerspitzengefühl untermischen und die Pfanne vom Herd nehmen. In einer anderen Pfanne die Ciabatta in dem restlichen Olivenöl goldbraun backen und leicht salzen, kurz auf Küchenpapier abtropfen lassen. Mit dem Spargel, Zwiebeln, den getrockneten Tomaten und dem Rucola vermischen, eventuell mit Pfeffer und Salz nachwürzen.

FÜR DIE SOSSE

Die Grüne-Soße-Kräuter waschen, fein schneiden und zusammen mit den restlichen Zutaten gut verrühren, mit Salz und Pfeffer abschmecken und mindestens 30 Minuten ziehen lassen.

FÜR DIE OPTIK

Den noch lauwarmen und knusprigen Salat mit der grünen Soße und den Grüne-Soße-Kräutern servieren.

LACHS
LAUCH
LIEBSTÖCKEL

Gerollt wie eine Schnecke mit Lauch und Liebstöckel

ZUTATEN

FÜR DIE LACHSCHNECKE
1 Stange Lauch
600 g Lachsfilet, ohne Haut
Salz & Pfeffer
4 EL Olivenöl
Abrieb von 1 Zitrone

FÜR DIE LIEBSTÖCKEL-MEHLSCHWITZE
den Rest Lauch
30 g Butter
30 g Mehl
200 ml Gemüsebrühe
Saft von 1 Zitrone
¼ TL Honig
100 ml Sahne
Salz
4 Stiele Liebstöckel

AUSSERDEM
4 Kartoffeln
etwas Pflanzenöl
Salz
einige Liebstöckelblätter

ZUBEREITUNG

FÜR DIE LACHSSCHNECKE

Den Lauch längs halbieren und gut waschen, die 4 schönsten Streifen in Salzwasser 30 Sekunden kochen und dann sofort in Eiswasser abschrecken. Den Lachs längs in 4 Streifen schneiden, salzen und pfeffern und jeweils 1 Lachstreifen mit 1 Lauchstreifen zur Schnecke aufwickeln und mit einem Schaschlikspieß fixieren. 1 Esslöffel Olivenöl darüber geben und mit dem Zitronenabrieb würzen. Die 4 Lachsschnecken auf ein Blech mit Backpapier legen und bei 120 °C Ober-/Unterhitze 25 Minuten in den Ofen geben. Der Lachs darf im Kern ruhig etwas glasig sein.

FÜR DIE LIEBSTÖCKEL-MEHLSCHWITZE

Den Rest des Lauchs in kleine Würfel schneiden und in Butter anschwitzen, mit dem Mehl bestäuben, gut durchrühren und mit der kalten Gemüsebrühe ablöschen. Gut vermischen, den Zitronensaft und den Honig dazugeben, einmal aufkochen lassen, die Sahne dazugeben und das Ganze mit Salz abschmecken. Kurz vor dem Servieren den Liebstöckel ganz fein schneiden und in die Soße geben.

AUSSERDEM

Die Kartoffeln schälen und in ganz kleine Würfel schneiden, in heißem Pflanzenöl kross anbraten, leicht salzen und zusammen mit der Schnecke und der Soße anrichten. Zum Schluss mit Liebstöckelblättern dekorieren.

TIPP
Liebstöckel wird auch Maggikraut genannt und kann super als Gewürz für Suppen, Salate, Eintöpfe oder (wie hier) Soßen verwendet werden.

BÄRLAUCH
SPÄTZLE
BERGKÄSE

Bärlauchspätzle mit Bergkäse gratiniert, Möhrencreme, Röstzwiebeln und Frisée

ZUTATEN

FÜR DIE BÄRLAUCHSPÄTZLE

12 Blätter Bärlauch
50 ml Mineralwasser
6 Eier
Salz
etwas Muskat
400 g Spätzlemehl
1 EL Butter
200 g Schmand
200 g Bergkäse

FÜR DIE MÖHRENCREME

200 ml Möhrensaft
1 TL Honig
½ TL Curry
30 ml heller Balsamicoessig
Salz & Pfeffer
1½ TL Mondamin
4 EL Orangensaft

FÜR DIE RÖSTZWIEBELN

4 Zwiebeln
Salz
2 Msp. Cayennpfeffer
4 EL Mehl
300 ml Pflanzenöl

AUSSERDEM

2 Handvoll Frisée

ZUBEREITUNG

FÜR DIE BÄRLAUCHSPÄTZLE

Den Bärlauch mit dem Mineralwasser fein mixen. Die Eier mit etwas Salz und etwas Muskat (frisch gerieben) gut verrühren, Mehl und das Bärlauchwasser dazugeben, gut durchrühren und dann mithilfe eines Holzlöffels den Teig 5 Minuten schlagen, bis er Blasen schlägt. Wasser in einem großen Topf zum Kochen bringen und mithilfe eines Spätzlebretts und einem Schaber Spätzle in das kochende Wasser schaben und die Spätzle herausschöpfen, sobald sie oben schwimmen. 1 Esslöffel Butter in einer Pfanne erhitzen und die Spätzle darin anschwitzen, den Schmand dazugeben, vorsichtig verrühren und den Käse hinzufügen, noch einmal mischen und dann bei 200 °C Oberhitze im Ofen knusprig gratinieren.

FÜR DIE MÖHRENCREME

Den Möhrensaft mit Honig, Curry und Balsamico in einem Topf einmal aufkochen lassen, mit Salz und Pfeffer abschmecken, Mondamin im Orangensaft anrühren und zu dem Möhrenfond geben und unter ständigem Rühren noch mal aufkochen lassen und dann am besten in eine Spritzflasche füllen.

FÜR DIE RÖSTZWIEBELN

Die Zwiebeln schälen, in feine Streifen schneiden und mit Salz und Cayennepfeffer abschmecken. Die Zwiebeln mehlieren und in einem Sieb abschütteln. In heißem Öl entweder in einer Pfanne oder in der Fritteuse goldbraun backen, auf Küchenpapier abtropfen lassen und zusammen mit den Spätzle, der Möhrencreme und dem Frisée anrichten.

TIPP

Wenn man im Spätzleschaben noch nicht so versiert ist, kann man auch schummeln und sich einer Spätzlepresse oder eines Spätzlesiebs bedienen!

BRATWURSCHT DOGS SENF

Das Hot-Dog-Prinzip mit Honig-Tomaten-Senf, grünem Spargel, Kartoffel-Popcorn

ZUTATEN

FÜR DIE HOT-DOG-BRÖTCHEN

1 Würfel frische Hefe (nein, Trockenhefe geht nicht!)

1 TL Zucker

500 g Mehl

200 ml Apfelsaft

½ TL Salz

50 g Rapsöl

8 EL Sojasahne

etwas Sojamilch

FÜR DEN HONIG-TOMATEN-SENF

100 g eingelegte getrocknete Tomaten

1 TL Honig

4 EL griechischer Joghurt

2 EL körniger Senf

Salz

FÜR DEN SPARGEL UND DIE MÖHREN

500 g grüner Spargel

4 mittelgroße Möhren

Salz

etwas brauner Zucker

etwas Butter oder Olivenöl zum Anschwitzen

FÜR DIE GRÜNE MAYO

100 ml Mayonnaise

1 TL Misopaste oder Wasabi

Abrieb und Saft von ½ Zitrone

1 Spritzer Sojasoße

½ TL süße Chilisoße

AUSSERDEM

1 rote Zwiebel

1 große Kartoffel

1 Handvoll Kresse oder Sprossen

4 Bratwürste / Kochwürste

ZUBEREITUNG

FÜR DIE HOT-DOG-BRÖTCHEN

Die Hefe in 50 ml lauwarmem Wasser mit dem Zucker anrühren, bis die Hefe sich aufgelöst hat, und 10 Minuten ruhen lassen. Das Mehl in eine Schüssel geben, Apfelsaft, Salz und das Rapsöl mit der Sojasahne hinzugeben und mit einem Rührgerät 5 Minuten rühren.

Das Hefegemisch unterheben und den Teig 40 Minuten an einem warmen Ort ziehen lassen. Den Teig zu länglichen Hot-Dog-Brötchen formen und auf ein Backblech legen, mit Sojamilch bestreichen und bei 180 °C Ober-/Unterhitze etwa 15 Minuten backen.

FÜR DEN HONIG-TOMATEN-SENF

Die Tomaten sehr fein schneiden (gern mit dem Öl, in dem sie normalerweise eingelegt sind) und zusammen mit dem Honig, dem Joghurt und dem Senf verrühren und mit etwas Salz abschmecken.

FÜR DEN SPARGEL UND DIE MÖHREN

Den grünen Spargel unten etwa 3 cm abschneiden und dann ungefähr bis zur Hälfte schälen, die Möhren schälen und mithilfe eines Sparschälers in „Tagliatelle" herunterschälen. Beides zusammen ganz leicht salzen und zuckern, 15 Minuten stehen lassen und dann mit 1 Butterflocke oder 1 Esslöffel Olivenöl in der heißen Pfanne kurz anschwitzen. Es dürfen ruhig sowohl die Möhren als auch der Spargel noch leichten Biss haben.

FÜR DIE GRÜNE MAYO

Alle Zutaten für die Mayo gut miteinander verrühren.

Die Zwiebel schälen und in dünne Ringe schneiden, die Kresse schneiden. Die Kartoffel schälen, in kleine Würfel schneiden und in heißem Fett kross braten. Bratwürste grillen oder in der Pfanne braten. Aus all den leckeren Zutaten Dogs nach eigenem Gusto bauen. Für mich wird es der beste Dog, wenn man alle Zutaten verwendet!

MATJES
BETE
ESSPAPIER

Matjes mit Frischkäse, Rote Bete, Himbeeren zwischen Rucola und Esspapier

ZUTATEN

FÜR DIE BETE

4 Rote Beten
4 Gelbe Beten
1 EL grobes Meersalz
4 Msp. Kümmel
160 g Butter

FÜR DAS BETE-HIMBEER-DRESSING

1 haselnussgroßes Stück Ingwer
300 ml Rote-Bete-Saft (bio)
1 EL Himbeermarmelade
2 EL Walnussöl

FÜR DAS ESSPAPIER

4 Blätter Frühlingsrollenteig
1 Eigelb
Salz
2 TL Sesam

AUSSERDEM

4 milde doppelte Matjesfilets
120 g Ziegenfrischkäse
12 Himbeeren
2 Handvoll Rucola
Alufolie

ZUBEREITUNG

FÜR DIE BETE

Rote und Gelbe Beten waschen, mit Salz, Kümmel und Butter in die Alufolie packen. Bei 180 °C Ober-/Unterhitze 1 Stunde im Ofen garen. Danach abkühlen lassen, aus der Folie nehmen und dünn schälen. Die Beten in Ecken und Scheiben schneiden, je nachdem, wie man sie anrichten will.

FÜR DAS BETE-HIMBEERDRESSING

Den Ingwer schälen, in ganz kleine Würfel schneiden und zusammen mit dem Rote-Bete-Saft und der Marmelade in einen Topf geben. Bei niedriger Hitze köcheln lassen, bis sich die Flüssigkeit um ⅓ reduziert hat. Die Flüssigkeit kalt stellen und kurz vor dem Servieren das Walnussöl unterrühren.

FÜR DAS ESSPAPIER

Den Frühlingsrollenteig auf ein Backofenblech mit Backpapier legen und mit Eigelb bestreichen. Leicht salzen und mit Sesam bestreuen. Bei 200 °C 2–3 Minuten bei Ober-/Unterhitze in den vorgeheizten Backofen geben.

Den Matjes mit dem Ziegenfrischkäse, den Beten, den Himbeeren und dem Rucola anrichten und mit dem Bete-Himbeer-Dressing beträufeln. Mit dem selbst gemachten Esspapier dekorieren.

ERBSEN
KLÖSSCHEN
ZUCKERSCHOTEN

Erbsensuppe mit Mehlklößchen, Zuckerschoten, Erbsensprossen, Maishuhn und griechischen Reisnudeln

ZUTATEN

FÜR DIE MEHLKLÖSSCHEN

200 g Mehl

2 Eier

½ TL getrocknetes Steinpilz- oder Pilzpulver

Salz

etwas Zucker

FÜR DIE SUPPE

1 Möhre

100 g Knollensellerie oder Petersilienwurzel

1½ l Gemüsebrühe

100 g Reisnudeln (Kritharáki)

200 g Erbsen

200 g Zuckerschoten

AUSSERDEM

Erbsensprossen zum Garnieren

ZUBEREITUNG

FÜR DIE MEHLKLÖSSCHEN

Alle Zutaten gut miteinander verrühren und mit Salz und wenig Zucker abschmecken.

FÜR DIE SUPPE

Möhre und Sellerie schälen, in Streifen schneiden und zusammen mit der Brühe zum Kochen bringen, die Reisnudeln dazugeben, 10 Minuten kochen lassen und dann mithilfe von 2 Teelöffeln kleine Mehlklößchen in die Suppe laufen lassen, bei schwacher Hitze weiterköcheln lassen und jetzt die Erbsen und die Zuckerschoten dazugeben, weitere 5 Minuten köcheln lassen und dann zusammen mit den Sprossen servieren.

TIPP
Ich esse dazu am liebsten ein frisches Sauerteigbrot mit dick Butter!

ROULADE
FRÜHLINGSROLLE
SALATROLLE

Rinderroulade, geschmort mit toller Soße, Kartoffel-Frühlingsrolle und Salatrolle mit Champignons

ZUTATEN

FÜR DIE ROULADEN

1 Zwiebel

4 Stangen Frühlauch

etwas Butterschmalz

Salz & Pfeffer

4 Cornichons

4 große Rinderrouladen (vorgeschnitten vom Metzger)

etwas Zucker

4 TL Senf

4 Scheiben magerer Speck

8 dünne Scheiben Ahle Wurscht (Nicht-Hessen lassen sie weg oder nehmen eine gute Salami)

FÜR DIE SOSSE

3 Zwiebeln

2 Möhren

80 g Knollensellerie oder Pastinake

etwas Butterschmalz

1 EL brauner Zucker

1 EL Tomatenmark

500 ml Rotwein

100 ml Balsamicoessig

1 EL Senfsaat

1 Lorbeerblatt

etwas Speisestärke

ZUBEREITUNG

FÜR DIE ROULADEN

Die Zwiebel schälen und in feine Streifen schneiden, den Frühlauch putzen, waschen und in feine Scheiben schneiden, beides zusammen in etwas Butterschmalz kurz anschwitzen und mit Salz und Pfeffer würzen.
Die Cornichons in feine Streifen schneiden.
Die Rouladen salzen, ganz leicht zuckern und pfeffern, dann alle 4 Rouladen nebeneinanderlegen und flach ausbreiten, mit dem Senf einstreichen, 1 Scheibe Speck auflegen, jeweils 2 Scheiben Ahle Wurscht darauflegen.
Dann die Cornichons, die angeschwitzten Zwiebeln und Lauch gleichmäßig darauf verteilen. Die Seiten der Rouladen leicht einschlagen, die Rouladen straff zusammenrollen und mit Rouladennadeln oder Zahnstochern befestigen.

FÜR DIE SOSSE

Zwiebeln, Möhren und Sellerie schälen und in etwa ½ cm große Würfel schneiden.
Die Rouladen in etwas Butterschmalz in einem Bräter rundum scharf anbraten und erst mal herausnehmen.
In demselben Bräter jetzt Sellerie, Zwiebeln und Möhren zusammen mit dem braunen Zucker karamellisieren. Das Tomatenmark dazugeben und ebenfalls mit anrösten, dann nach und nach mit dem Rotwein ablöschen und einkochen. Den Balsamicoessig dazugeben und mit 800 ml Wasser auffüllen, die Senfsaat und das Lorbeerblatt hinzufügen und 10 Minuten köcheln lassen.
Die Rouladen in die Soße geben und bei 160 °C Ober-/Unterhitze 2 Stunden in den Ofen geben.
Kurz vor dem Servieren die Rouladen herausnehmen, eventuell das Lorbeerblatt heraussuchen und die Soße, wenn nötig, mit etwas Speisestärke eindicken.
Ich lasse das Gemüse und die Zwiebeln gern in der Soße, wer das nicht mag, kann die Soße auch durch ein Sieb passieren.

→→→→→→

ZUTATEN

FÜR DIE KARTOFFEL-FRÜHLINGSROLLE

300 g mehligkochende Kartoffeln
Salz
2 Eigelb
90 g Butter
Muskat
4–8 Blätter Frühlingsrollen- oder Strudelteig (je nach Größe)

FÜR DIE SOMMERRÖLLCHEN

1 Kopfsalat
2 Stangen Frühlauch
1 Stängel glatte Petersilie
¼ Kohlrabi
1 TL Senf
1 EL Honig
4 EL heller Balsamicoessig
6 EL Raps- oder Distelöl
Salz
4–8 Blätter Reispapier

AUSSERDEM

200 g Champignons
etwas Butterschmalz
Salz & schwarzer Pfeffer
Kerbel zum Garnieren

ZUBEREITUNG

FÜR DIE KARTOFFEL-FRÜHLINGSROLLE

Die Kartoffeln schälen und mit reichlich Salz in Wasser gar kochen. Die Kartoffeln abschütten, gut ausdampfen lassen und durchpressen oder stampfen, die 2 Eigelb und 40 g Butter gut und schnell unter die Kartoffeln rühren. Das Ganze mit etwas frisch geriebenem Muskat und je nach Geschmack mit Salz abschmecken.
Den Frühlingsrollenteig ausbreiten, die Ränder mit Wasser einstreichen, in die Mitte den Kartoffelteig geben, den Frühlingsrollenteig an den Seiten einschlagen und aufrollen und mit Backpapier als Unterlage auf ein Blech geben. Mit 50 g Butter bestreichen und bei 180 °C Ober-/ Unterhitze 8–10 Minuten in den Ofen geben.

FÜR DIE SOMMERRÖLLCHEN

Den Kopfsalat in kleine Stücke zupfen, waschen und trocken schleudern oder -tupfen, den Lauch putzen, waschen und in feine Ringe schneiden, die Petersilie waschen und samt Stängel fein schneiden, den Kohlrabi schälen und in feine Streifen schneiden.
Alles zusammen mit dem Kopfsalat vorsichtig vermengen.
Den Senf mit dem Honig und dem Essig glatt rühren, dann Tropfen für Tropfen unter ständigem Rühren das Öl dazugeben und das süße Dressing mit Salz abschmecken. Über den Salat geben, wieder vorsichtig vermengen.
Das Reispapier kurz vor dem Rollen durch Wasser ziehen, sodass es weich wird. Das Reispapier am besten auf einem Geschirrtuch oder einer großen Serviette ausbreiten, den Salat darauf verteilen und wie die Frühlingsrolle aufrollen.

Kurz vor dem Servieren die Champignons in etwas Butterschmalz scharf anbraten, mit Salz und Pfeffer würzen. Unsere 3 verschiedenen Rollen zusammen mit der fabelhaften Soße und den Champignons anrichten. Mit Kerbel garnieren.

Restaurant & Feinkost
Nordhessische
Ahle Wurscht

GAST-
KÖCHIN

SONNTAG FEAT. KATJA HACK

»

KATJA WAR WÄHREND MEINER LEHRE MEINE POSTENCHEFIN UND DAMALS EINE DER COOLSTEN IN DEM LADEN – GENAU WIE ICH RELATIV UNANGEPASST, ABER EINE RICHTIG GUTE KÖCHIN. WÄHREND KATJA SICH QUER DURCH DIE STERNE GEKOCHT HAT, BIN ICH MEINER HEIMAT SEHR VERBUNDEN GEBLIEBEN, IN DIE KATJA MITTLERWEILE ZURÜCKGEKEHRT IST. NEBEN DEM KLEINEN GASTHOF, DEN KATJA MIT VIEL LIEBE BEKOCHT, ARBEITEN WIR IMMER WIEDER IM FLIEGENDE-KÖCHE-KONTEXT ZUSAMMEN. FÜR DIESES BUCH HAT KATJA MICH IN JEDEM KAPITEL OBENDREIN „BACKSTAGE" UNTERSTÜTZT UND IN DEM BUCH SO AB UND ZU IHRE FINGERABDRÜCKE MAL GRÖSSER UND MAL KLEINER HINTERLASSEN.

«

KATJAS REZEPT

KANINCHENKEULEN ZUCCHINI POLENTA

Kaninchenkeulen in Weißweinsoße mit Zucchini und Polenta

ZUTATEN

FÜR DIE KANINCHENKEULEN UND DIE SOSSE
4 Kaninchenkeulen
100 g Knollensellerie
2–3 Möhren
1 Knolle Knoblauch
5 Schalotten oder Zwiebeln
½ Stange Lauch
5 Zweige Thymian
200 ml Weißwein
400 ml Sahne
400 ml Fond oder Brühe
etwas Speisestärke
Salz & Pfeffer aus der Mühle

FÜR DIE POLENTA
250 ml Hühnerbrühe
25 g Butter
80 g Polenta/Maisgrieß
1 TL feines Meersalz
Pfeffer
50 g Parmesan, gerieben
1 Ei
etwas Mehl
etwas Olivenöl

FÜR DIE ZUCCHINI
2 Zucchini
etwas Olivenöl
4 Stängel Salbei
Salz & Pfeffer

ZUBEREITUNG

FÜR DIE KANINCHENKEULEN

Die Keulen würzen und in einem Bräter von allen Seiten goldbraun anbraten. Das Fleisch aus dem Bräter nehmen.
In demselben Bräter nun das gewaschene und geschälte, vorher in Würfel geschnittene Röstgemüse zusammen mit Thymian anschmoren, bis es leicht Farbe nimmt. Mit Wein, Sahne und Fond ablöschen und die Keulen darin etwa 1½ Stunden schmoren. Sind die Keulen weich, können sie aus dem Sud genommen werden. Den Fond nun passieren und einkochen bis ein kräftiger Geschmack entsteht. Die Soße eventuell noch mit etwas Speisestärke binden und mit Pfeffer und Salz abschmecken.

FÜR DIE POLENTA

Für die Polenta die Hühnerbrühe zum Kochen bringen. Butter, Salz und Pfeffer zugeben und den Maisgrieß einrühren. Im Ofen bei 200 °C, mit geschlossenem Deckel, 20 Minuten garen. Parmesan und ein Ei schnell unterrühren und alles etwa 1½ cm dick auf ein Blech streichen. Mit Frischhaltefolie bedecken, damit sich keine Haut bildet und abkühlen lassen. Die kalte Polenta in Stücke schneiden, in Mehl wenden und in Olivenöl goldbraun anbraten.

FÜR DIE ZUCCHINI

Die Zucchini vierteln und das Kerngehäuse herausschneiden. In Rauten schneiden und in einer Pfanne mit Olivenöl anrösten.
Von dem Salbei 6 große Blätter abzupfen und beiseitelegen.
Den restlichen Salbei in feine Streifen schneiden und zu den Zucchini in die Pfanne geben. Durchschwenken und mit Pfeffer und Salz würzen.
Die großen Salbeiblätter in Olivenöl vorsichtig knusprig braten und zur Dekoration mit auf dem Teller anrichten.

TIPP
Wenn man das Gemüse für die Soße in schöne gleichmäßige Würfel schneidet, kann es auch in der Soße bleiben!

GASTKOCH

SONNTAG FEAT. LUCKI MAURER

„LUCKI UND ICH HABEN UNS VOR FÜNF JAHREN BEIM FRÜHSTÜCKEN TATSÄCHLICH DAS ERSTE MAL GETROFFEN, DANK STEFAN MARQUARD. ES HAT SICH VON DER ERSTEN BEGEGNUNG, ÜBER DEN ERSTEN GEMEINSAMEN JOB, BIS HEUTE NIE ANGEFÜHLT WIE GERADE EBEN, SONDERN SOFORT WIE LANGE FREUNDE. MIT KEINEM KOCHKOLLEGEN HABE ICH SEITDEM MEHR ZEIT AUF JOBS UND VERANSTALTUNGEN VERBRACHT WIE MIT LUCKI, GENAUSO GIBT ES KEINEN KOCH, MIT DEM ICH MICH MEHR ÜBER DIE KLEINEN UND GROSSEN PROBLEME (JA, DIE HABE ICH AUCH MAL) EINES KOCHS, CATERERS, UNTERNEHMERS, BUCHAUTORS AUSGETAUSCHT BZW. AUSGEHEULT HABE. LUCKI IST UND BLEIBT EIN PFUNDSKERL UND GEHÖRT DEFINITIV ZU MEINEN BESTEN FREUNDEN! ER PASST, WENN MAN SICH EIN BISSCHEN MIT SEINER PASSION UND SEINER VITA BESCHÄFTIGT, WIE DIE FAUST AUFS AUGE IN DIESES BUCH.“

LUCKIS REZEPT

BURGUNDERBRATEN SPÄTZLE ENDIVIENSALAT

Burgunderbraten à la Waldschlössl mit Spätzle, Endiviensalat und Hausdressing

„Ich komme aus einem traditionellen bayerischen Gasthof und der klassische Schweinsbraten war für uns dadurch ja alltäglich. Trotzdem machte mein Vater Sepp Maurer senior zu besonderen Anlässen immer einen besonderen Braten. Entweder den klassischen Kalbsrahmbraten mit Semmelknödeln oder den hier beschriebenen Burgunderbraten. Er ist bis heute mein Nonplusultra-Sonntagsbraten!"

ZUTATEN

FÜR DEN BRATEN UND DIE SOSSE

1 kg Rinderschmorbraten
2 Zwiebeln
3 Lorbeerblätter
2 Gewürznelken
10 Pfefferkörner
10 Pimentkörner
5 Zweige Thymian
1 Flasche trockener Burgunder-Rotwein (Empfehlung: junger, rasser Beaujolais)
Salz & Pfeffer
etwas Butterschmalz
1 EL Tomatenmark
1 Bund Suppengrün (Petersilie und Liebstöckel)
1 Spritzer Worcestershiresoße
1 Schnapsglas Cognac

FÜR DIE SPÄTZLE

4 Eier
400–500 g Mehl
1 Prise Muskat
1 Prise Cayennepfeffer
1 Prise Salz
1 Prise Kurkuma

FÜR DEN ENDIVIENSALAT

1 Kopf Endiviensalat
etwas Zucker

FÜR DAS HAUSDRESSING

250 ml Essiggurkenwasser
150 g Sauerrahm
Salz, Pfeffer, Essigessenz
etwas Schnittlauch

ZUBEREITUNG

FÜR DEN BRATEN

Das Rindfleisch grob parieren, mit den gewürfelten Zwiebeln, Gewürzen und Rotwein einlegen und alles zugedeckt zwei Tage im Kühlschrank marinieren. Das Fleisch herausnehmen und trocken tupfen, mit Salz und Pfeffer einreiben. Die Marinade abseihen und beiseitestellen. Die Zwiebelwürfel mit Butterschmalz in einem Bräter erhitzen. Das Fleisch zugeben und rundherum scharf anbraten. Das Tomatenmark zugeben und scharf anrösten. Danach mit der Rotweinmarinade nach und nach ablöschen. Das Suppengrün fein gehackt zugeben. Zugedeckt im Rohr etwa 1 Stunde bei milder Hitze schmoren. Zwischendurch das Fleisch immer wieder umdrehen und mit der Marinade begießen. Das Fleisch herausnehmen, wenn es zart ist.
Den Bratensaft durch ein Sieb gießen, kurz aufkochen, mit Salz und Pfeffer abschmecken und eventuell mit etwas Speisestärke binden.
Zu guter Letzt nach Maurer senior 1 Spritzer Worcestershiresoße und 1 Stamperl Cognac zugeben. „Die Worcestershiresoße merkt kein Mensch, aber jedem schmeckt's!"

FÜR DIE SPÄTZLE

Die Eier mit dem Mehl (so viel, bis die Masse schön zäh ist) in einer Schüssel per Hand schlagen, bis so viel Luft in der Masse ist, dass sie Blasen wirft. Die Gewürze zugeben. Anschließend durch eine Spätzlepresse drücken. Im Bayerischen Wald werden die Spätzle gepresst. Regel: Spätzleschaben tun nur die Schwaben!

FÜR DEN ENDIVIENSALAT

Die äußeren dunklen Blätter vom Endivienkopf entfernen und das innere Gelbe in lauwarmem Zuckerwasser für 10 Minuten einlegen. Danach fein, wie Engelshaar, schneiden.

FÜR DAS HAUSDRESSING

Das Essiggurkenwasser mit dem Sauerrahm, Salz und Pfeffer im Standmixer einmal aufmixen. Danach 1 winzigen Spritzer Essigessenz und fein gehackten Schnittlauch zugeben.

JAUSENSTATION
MATTHIAS PFLÜGER
WEISSENBACHSTRASSE 1
37247 WEISSENBACH

SLOW-FOOD-SCHLARAFFENLAND

Rustikal-gemütliches Hideaway: Die Jausenstation in Weißenbach wurde mit viel Engagement, handwerklichem Können und Liebe zur Regionalität schnell zum Foodie-Hotspot. Inzwischen hat es sich zu einem ausgewachsenen Restaurant gemausert, nebst angeschlossener Pension, Käserei, Wurstekammer und Hofladen.

Die Jausenstation ist ein beliebtes Ausflugsziel in bergiger Atmosphäre am Meißner. In der rustikalen Gastronomie gibt es eine ehrlich bodenständige traditionelle Küche. Völlig ungewöhnlich ist, dass im Familienbetrieb nahezu alles aus eigener Herstellung stammt: Rohmilchkäse, Brot, Fleisch und Wurstwaren und vieles mehr werden im eigenen Hofladen angeboten. Die Schwestern Roswitha Pflüger und Marion Weiland hatten gemeinsam die Idee zur Gründung der Jausenstation, die anfangs nur als Landcafé gedacht war. Bereits ihre Eltern Christine und Wilhelm Steimar besaßen eine kleine Landwirtschaft und verarbeiteten die gesamte Ernte zu köstlichem Vorrat. So entstanden zahlreiche Gläser mit Obst und Gemüse. Die hofeigenen Schweine wurden selbst geschlachtet und aus dem Fleisch wurden schmackhafte Würste, wie etwa Ahle Wurscht, Blutwurst und Leberwurst und das traditionelle Weckewerk hergestellt. Aus der Milch der eigenen Kühe wurden Butter, Quark und Käse gemacht, das Bauernbrot wurde im Holzofen selbst gebacken. Es wurde nur das Nötigste zugekauft und diese Philosophie blieb den Schwestern immer in Erinnerung. Getragen von diesem Gedanken und der Überzeugung, dass gute Dinge erhalten und weitergegeben werden sollten, entstand die Idee zur Gründung der Jausenstation. In den zurückliegenden Jahren hat sich die Speisekarte nur unwesentlich geändert, weil die Nachfrage nach Weckewerk, Duckewerk, Ahler Wurscht und anderen Köstlichkeiten nach wie vor ungebrochen ist. Heute ist Roswitha Pflügers Sohn Matthias Geschäftsführer der Jausenstation und hat ein wahres Schlaraffenland an biologischen Produkten erschaffen. Und geht erst einmal die Tür zu den Reifekammern auf, ist man sowieso im siebten Wursthimmel angelangt. Schwere, langsam gemästete nordhessische Schweine müssen dafür her, mindestens 150 Kilo schwer, am besten noch mehr, und noch schlachtwarm, innerhalb von 32 Stunden, verarbeitet sein. Pflüger schlachtet wie die allermeisten Betriebe auch nicht mehr zu Hause, so wie auf dem Lande früher üblich. Er bezieht von einem einzigen Bauern aus der Umgebung. Die warme Verarbeitung ist dabei das A und O und hat nicht viel mit dem zu tun, was sonst oft als Ahle Wurscht in Supermärkten verkauft wird. Über 170 verschiedene Produkte aus eigener Wurstherstellung, aus der eigenen Bioland-Hofkäserei und Backstube sowie dem Obst- und Gemüsegarten gehören zum unglaublichen Angebot. Eigene Edelgeiste und Edelliköre sowie ein Zusatzsortiment von anderen hochwertigen Lebensmitteln runden das Schlemmerangebot ab.

DER MANN MIT DEM URGESCHMACK

MATTHIAS PFLÜGER IST DER BOSS IM WURSTHIMMEL DER JAUSEN-STATION UND MIT FLAMMENDER LEIDENSCHAFT TRÄGT ER SEINEN SLOW-FOOD-SPIRIT IN DIE WELT HINAUS.

Der Name Jausenstation ist ja beinahe ein Understatement, denn das, was ihr hier an Produkten abliefert, ist gigantisch. Das sorgt für überregionale Berühmtheit, oder?

Unser Familienbetrieb ist inzwischen tatsächlich weit über die Grenzen Hessens hinaus bekannt geworden. Eine ökologische oder traditionelle Herstellung mit naturbelassenen Rohstoffen und Gewürzen in allen Herstellungsbereichen der Jausenstation und der Restaurantküche ist Gesetz. So können wir höchste Qualität mit einem unvergleichlichen Urgeschmack bieten.

Wie groß kann man sich denn den Gästeandrang vorstellen?

Im Jahr besuchen uns durchschnittlich gut 50.000 Gäste. Wir freuen uns natürlich sehr, dass dabei unser Konzept so toll angenommen wird, da wir ja alles selbst herstellen und auch im Küchenbereich komplett auf Convenience und Fertigprodukte verzichten. Es wird alles selbst zubereitet und mit Liebe von meiner Mutter gekocht.

Wenn man so einen enormen Aufwand betreibt, lohnt sich das auch finanziell?

Dazu muss man sagen, dass gute Qualität natürlich auch einen Preis hat und wir nicht mit Billiggerichten aufwarten können. Zudem beschäftigen wir 25 Mitarbeiter, auch das hat seinen Preis. Aber Gott sei Dank verstehen unsere Gäste diese Philosophie und sind sehr gern bereit, etwas mehr dafür auszugeben.

Und erntet man dann auch manchmal Unverständnis?

Klar. Aber ganz ehrlich: Wer unser Konzept und unsere Philosophie nicht versteht oder verstehen will, der braucht erst gar nicht zu uns zu kommen. Ganz einfach!

Ihr seid ja nicht nur berühmt für eure geniale Jausenstation, sondern vor allem auch für die fantastischen Produkte, die ihr herstellt.

Genau. Das sind mittlerweile auch schon über 170 Produkte, die wir herstellen. Diese bieten wir natürlich auch zum Verkauf an.

Ihr fertigt da zum Beispiel auch genialen Käse.

Ja. Der wird bei uns wie vor hundert Jahren hergestellt. Die Milch wird mit Lab versetzt, das Ganze wird dann Quark, der wird getrocknet und mit Natron angereichert. Das bewirkt, dass eine Art Granulat entsteht, welches wir mit Milch, Ei und Butter zu einem Kochkäse aufkochen.

Jausen Station
FEINKOST

„EINE TRADITIONELLE HERSTELLUNG MIT NATUR-BELASSENEN ROHSTOFFEN UND GEWÜRZEN IN ALLEN HERSTELLUNGSBEREICHEN DER JAUSENSTATION UND DER RESTAURANTKÜCHE IST GESETZ!"

– MATTHIAS PFLÜGER

Wer beliefert euch mit Milch?

Wir haben einen Landwirt aus der Region, der uns mit Milch versorgt. Unsere Philosophie bei all unseren Produkten lautet: gut, sauber und fair. Fair steht dabei auch für faire Preise. Wir fragen also den Landwirt, was er denn von uns an Geld benötigt, um uns das bestmögliche Produkt in der Qualität, wie wir uns das vorstellen, liefern zu können. Aktuell liegt der Milchpreis bei etwa 21 Cent pro Liter. Wir bezahlen für Biolandmilch 61 Cent. Das ist ein superfairer Preis, der weit über dem Marktdurchschnitt liegt, dafür ist auch die Qualität eine dementsprechende. So kann ein Landwirt gut existieren und die Tiere werden bestmöglich versorgt und gehalten.

Wie viele Käsesorten habt ihr bis jetzt im Programm?

Teilweise sind es an die 20 verschiedene. Wenn man da aber noch die unterschiedlichen Geschmacksrichtungen unterteilt, werden es bestimmt an die 50 Sorten sein. Zudem gibt es aber auch noch Schmand, Butter und Joghurt. Wir machen auch Frischkäsebällchen, die wir in Olivenöl einlegen. Dafür knödeln wir im Jahr 125.000 Stück. Und unglaublich, aber wahr: Das macht mein Cousin allein mit der Unterstützung einer Mitarbeiterin.

Und wer ist für die Käseproduktion verantwortlich?

Das ist mein Cousin. Und der leitet somit Hessens kleinste von der EU zugelassene Käserei. Da muss man jeden Tag dahinter sein. Etwa bei unserem genialen Ziegenschnittkäse, der aus 100 % Ziegenmilch besteht. Die Ziegen werden auf dem Demeter-Hof von R. Lieb in Dietzenrode in einem Offenstall, mit Weidegang, gehalten. Dadurch bleibt die Ziegenmilch harmonisch im Geschmack. Die Schnittkäsesorten werden täglich mit einer Salzlake gebürstet und gepflegt, dadurch bildet sich eine essbare Rotschmiere-Rinde, dieses gibt unserem Käse zusätzlich einen besonders würzigen Geschmack.

Sogar das Brot wird bei euch selbst gebacken, oder?

Ja, wir machen Natursauerteigbrot. Dafür verwenden wir Bioland-Roggenmehl. Für dieses Brot gibt es nur drei Zutaten: Wasser, Meersalz und Roggenmehl. Sonst nichts. Kein Weizen und auch keine Hefe. Der Sauerteigansatz für unser Brot wird bereits seit über 20 Jahre verwendet und diese geschmackliche Lebenserfahrung schmeckt man auch.

Und Mehlspeisen werden auch bei euch im Haus gefertigt …

Dafür gibt es einen eigenen Tortenraum. Hier backen wir sämtliche Torten für das Café und es gibt auch noch richtig herrliche Blechkuchen. Dafür werden keine Fertigmischungen oder Cremes verwendet, sondern auch alles selbst zubereitet. Auch hier werden pro Jahr etwa 1500 Torten produziert.

Richtig zur Sache geht es dann aber in euren Metzgerräumen, oder?

Wir haben zwei Schlachttage. Wir holen uns gleich montags die Schweinehälften unmittelbar nach dem Schlachtvorgang direkt von einem Bauern hier aus der Region und verarbeiten diese dann sofort in unserem eigenen Metzgerraum. Am Montag wird das Fleisch vorsortiert, da wird überlegt, was unsere Küche benötigt, dann wird für die Schinkenproduktion ausselektiert und zu guter letzt werden noch die Fleischteile für Bratwurst, Brühwurst, Blutwurst und Edelsülze ausgesucht. Am Dienstag gibt es dann unseren sogenannten Kochtag. Da werden die Würste hergestellt, unter anderem auch die nordhessische Spezialität Weckewerk. Alles wird bei uns ohne Phosphat hergestellt, wir verwenden dafür Zitrat, das ist wesentlich gesünder. Donnerstags ist dann unser zweiter Schlachttag, wo das komplette Schwein zu Ahle Wurscht verarbeitet wird. Bis auf Filet und Kopffleisch kommt da alles hinein.

Und da legt ihr besonderen Wert auf die Reifung?

Genau. Dafür sind wir berühmt. Wir haben dafür spezielle Lehmräume angelegt, um so nah wie möglich an die Hausschlachtung von früher heranzukommen. Dafür gibt es mehrere Räume, die die Ahle Wurscht bis zur Vollendung durchlaufen muss. Im ersten Raum hängen die Würste bei hoher Luftfeuchtigkeit bis zu vier Monate lang. Durch die Lehmräume herrscht immer konstantes Klima. Jeder Stock Wurst wird einmal in der Woche herausgeholt und abgewaschen. Im zweiten Raum durchläuft die Wurst eine regelrechte Gäre. Anfangs ist sie noch ungenießbar, mein Wunsch ist es, die Wurst immer mindestens fünf Monate reifen zu lassen. In einem dritten Raum bewahren wir dann die verkaufsfertigen Würste auf.

In diesem Buch geht es ja um den Mythos Sonntagsbraten. Bei einer Mutter, die so eine Ausnahmeköchin ist, steht natürlich fest, dass der Sonntagsbraten immer fantastisch war, aber ihr bietet traditionelle Gerichte seit Kurzem auch zum Mit-nach-Hause-Nehmen an, oder?

Richtig. Wir wollen Gästen und Kunden die Möglichkeit geben, dass sie sich den Geschmack unseres Restaurants auch mit nach Hause nehmen können. Da gibt es etwa Rippchen vom Schwein, Rinderbraten, Gulasch oder auch Rouladen, die in Gläsern eingekocht werden. Also alles Gerichte, die viele heutzutage vielleicht nicht mehr kochen können, oder sich die Zeit nicht dafür nehmen wollen.

IM SOMMER

21. JUNI – 21./22. SEPTEMBER

↓
↓
↓

IM SOMMER

DRAUSSEN GENIESSEN

↓

REZEPTE IM SOMMER

PFIFFERLINGE UND DICKE RIPPE

↓

PRODUZENT IM SOMMER

HUBERTUS NÄGEL AUS HOMBERGSHAUSEN

ES RIECHT NACH SOMMER

KÜHLE COCKTAILS, GRANDIOSE STIMMUNG UND FAMOSES ESSEN: DER SOMMER IST AUCH AUS KULINARISCHER SICHT DIE HEISSESTE ZEIT DES JAHRES UND VERWÖHNT UNS MIT KNACKFRISCHEN ZUTATEN.

Musik schwebt durch die Straßen, der Duft von Sommerblumen und grandiosem Streetfood schwirrt durch die Luft. Sonnenstrahlen kitzeln die Haut, man flitzt barfuß über die Wiese und macht Rückwärtssalti in den Baggersee: Der Sommer ist einfach die geilste Zeit des Jahres. Allein schon weil der Körper in den Sommermonaten mehr Vitamin D produziert, sind die Leute besser drauf.
Und die heißeste Zeit des Jahres kann ohnehin nie lang genug sein, steht für Freude und Leichtigkeit, auch beim Essen. Gemeinsam lachen, sich austauschen, mitteilen und zuhören, mitfühlen, all diese Aspekte gehören zum Sommer, der Zeit, in der alles leicht geht und man die Welt mit Anlauf umarmen möchte. Auch das Essen sollte mit diesen Gefühlen mithalten. Es soll Unbeschwertheit ausdrücken, leicht sein und die Buntheit der Natur auf die Teller zaubern. Die Natur hält dabei viel für uns bereit: Die frische Auslese des Sommers zeigt sich in den Gemüsegärten und auf den überquellenden Ständen auf dem Markt. Erntefrisches regionales Sommergemüse hält dank des reichlichen natürlichen Lichts und der wärmenden Sonnenstrahlen eine Menge nützlicher Inhaltstoffe parat. Vitamine, Mineralstoffe und Proteine sind nur ein kleiner Teil davon. Unser Körper braucht die Vitaminquellen zur Erhaltung der Gesundheit.

Knackfrisch schmeckt Sommergemüse immer am besten und ist auch viel gesünder. Und ganz ehrlich: Ob der Garten nun groß oder klein ist, für eine Gemüseecke findet sich immer ein Plätzchen. Wer einmal die Vorzüge von selbst angebautem Gemüse genossen hat, der möchte kaum mehr darauf verzichten. Frisch gepflückte Tomaten, handgeernteter Porree – da weiß man einfach, was man hat, denn Frische und Geschmack gehen nicht durch lange Transportwege verloren. Zudem bleiben mehr Vitamine erhalten, wenn das Gemüse direkt aus dem Garten auf den Tisch kommt oder sogar noch vor Ort vernascht wird.
Mit leuchtenden Farben und würzigen Gerüchen locken die verschiedensten Gemüsesorten und laden ganz einfach zum Probieren ein. An den Sträuchern wachsen Beeren und die ersten Obstbäume fangen an, Früchte zu tragen. Bohnen hängen an ihren Stangen, Fenchel, Zucchini, Salatgurken und Karotten teilen sich mit vielen anderen Gemüsesorten die Beete. Ab Juli gibt es Freilandtomaten, Paprika und Auberginen und dazu passend Löwenzahn für den Salat. Kurz: Der Sommer ist ein Reigen an Festlichkeiten und Gelegenheiten zum Genießen im Freien und Unternehmungen in der Natur. Nicht nur eine Jahreszeit, sondern ein Lebensgefühl.

PFIFFERLINGE FLADENBROT ZANDER

Nach dem Pizza-Prinzip belegtes Fladenbrot, knusprig gebacken mit speckigen Pfifferlingen, kross gebratenem Zander, Zitronenmayonnaise und Rucola

ZUTATEN

FÜR DAS FLADENBROT

300 g Pfifferlinge
1 rote Zwiebel
2 Stangen Frühlauch
1 Bund Rucola
1 Fladenbrot
2–4 Knoblauchzehen
100 g weiche Butter oder hochwertiges Olivenöl
400 g Zanderfilet mit Haut
Salz
8 Scheiben Speck
Pfeffer

FÜR DIE ZITRONENMAYONNAISE

4 EL Mayonnaise
2 Zweige Thymian
Saft und Abrieb von ½ Zitrone
Salz & Pfeffer
etwas Honig

ZUBEREITUNG

FÜR DAS FLADENBROT

Die Pfifferlinge putzen, die Zwiebel schälen und in dünne Ringe schneiden, den Frühlauch putzen, waschen und in Ringe schneiden sowie den Rucola waschen und trocken schleudern oder tupfen.
Das Fladenbrot längs halbieren und mit den Knoblauchzehen auf der weichen Seite gut einreiben und dann mit der Butter bestreichen oder statt Butter mit Olivenöl beträufeln. Den Zander in kleine Stücke schneiden, leicht salzen und mit der Haut nach oben auf dem Fladenbrot verteilen, den Speck dritteln und ebenfalls auf dem Fladenbrot verteilen.
Die Fladenbrote jetzt am besten auf das Gitterblech des Ofens legen und bei etwa 180 °C Oberhitze 12 Minuten im Ofen lassen, sodass der Speck und der Zander auf dem Fladenbrot kross werden.
Parallel die Pfifferlinge mit dem Frühlauch und den Zwiebeln in etwas Olivenöl anbraten und mit Salz und Pfeffer abschmecken. Kurz vor dem Servieren die Pfifferlinge mit dem Frühlauch und den Zwiebeln auf dem Fladenbrot verteilen.

FÜR DIE ZITRONENMAYONNAISE

Alle Zutaten gut miteinander verrühren und mit Salz, Pfeffer und Honig abschmecken. Die Mayo darf ruhig ein bisschen säuerlich sein.
Die Mayo über das knusprige Fladenbrot verteilen, mit dem Rucola bestreuen und servieren.

MÖHRE
KERBEL
AHLE WURSCHT

Pfannenmöhren mit gebratenem Romanasalat, Drillingen, Kerbel-Hollandaise und Ahler Wurscht

ZUTATEN

FÜR DIE PFANNENMÖHREN
500 g Möhren mit Grün
Salz
etwas Zucker
80 g Butter

FÜR DIE KERBEL-HOLLANDAISE
1 Schalotte
80 ml Weißwein
¼ TL Pfefferkörner
300 g Butter
5 Eigelb
etwas Zitronensaft
Salz
8 Stiele Kerbel

FÜR DIE DRILLINGE
300 g Drillinge
2 Zweige Rosmarin
6 EL Olivenöl
1 TL grobes Meersalz

AUSSERDEM
2 Stück Mini-Romanasalat
½ TL Honig
40 g Butter
20 Scheiben Ahle Wurscht

ZUBEREITUNG

FÜR DIE PFANNENMÖHREN

Die Möhren schälen und gern ein bisschen Grün daran lassen, salzen, leicht zuckern und 10 Minuten stehen lassen. In der Pfanne mit mittlerer Hitze zusammen mit Butter langsam fertig garen, die Möhren dürfen gern noch leichten Biss haben.

FÜR DIE KERBELHOLLANDAISE

Die Schalotte schälen, fein würfeln und zusammen mit dem Weißwein und den Pfefferkörnern einmal kurz aufkochen und durch ein Sieb geben, die Flüssigkeit auffangen. Die Butter in einem Topf schmelzen und vom Herd nehmen. Die Eigelb zusammen mit der Weißweinreduktion über dem Wasserbad in einer Schüssel mit Fingerspitzengefühl aufschlagen, vom Wasserbad nehmen und die etwas abgekühlte Butter langsam unter die Eimasse rühren, mit Zitronensaft und Salz abschmecken und kurz vor dem Servieren den fein geschnittenen Kerbel unterrühren.

FÜR DIE DRILLINGE

Die Drillinge halbieren, die Rosmarinnadeln abzupfen und fein schneiden, beides mit Olivenöl vermengen und mit Salz würzen. Bei 180 °C Ober-/Unterhitze 25 Minuten auf ein Blech in den Ofen legen und knusprig backen.

Den Romanasalat längs vierteln und in etwas Olivenöl kurz, aber kräftig anbraten und mit etwas Salz und Honig abschmecken.
Alles zusammen lecker anrichten und mit Ahler Wurscht und ein paar Kerbelspitzen servieren.

KOPFSALAT
HÜHNCHEN
SALBEI

Ganzer Kopfsalat mit gezupftem Suppenhuhn (quasi Pulled Chicken), Hähnchenleber und Salbei

ZUTATEN

FÜR DAS GEZUPFTE SUPPENHUHN

2 mittelgroße Zwiebeln
4 Möhren
½ Sellerieknolle
1 Petersilienwurzel
1 Stange Lauch
1 Biosuppenhuhn
3 Stiele glatte Petersilie
2–3 Lorbeerblätter
1 TL Senfsaat
150 ml Sojasoße
Salz & Pfeffer

FÜR DAS DRESSING

150 g saure Sahne
2 TL süßer Senf
4 EL Olivenöl
Saft und Abrieb von 1 Zitrone
Salz

AUSSERDEM

1 Kopfsalat
100 g Hähnchenleber/-innereien
2 EL Öl
12 Salbeiblätter
4 EL Himbeeressig
Salz & Pfeffer

ZUBEREITUNG

FÜR DAS GEZUPFTE SUPPENHUHN

Die Zwiebeln mit Schale halbieren und in einer beschichteten Pfanne auf den Schnittflächen rösten, sie darf ruhig ein bisschen zu dunkel werden.
Die Möhren, den Sellerie und die Petersilienwurzel schälen und in etwa 1 cm große Würfel schneiden. Den Lauch putzen, waschen und in Streifen schneiden.
Das Suppenhuhn mit dem Gemüse, den Petersilienstängeln, den Gewürzen, Sojasoße und 2½ l kaltem Wasser in einen Topf geben und einmal aufkochen lassen, bei milder Hitze dann 1 gute Stunde köcheln lassen.
Beim Köcheln wird Schaum entstehen, den man immer wieder abschöpfen muss. Das Huhn dann aus der Brühe nehmen und die Brühe durch ein Sieb geben. Die Brühe nehmen wir für das Wochenende beiseite, sie lässt sich auch super einfrieren. Aus dem Siebinhalt die Lorbeerblätter heraussuchen und den Inhalt beiseitestellen.
Das abgekühlte Huhn von der Haut befreien, das komplette Fleisch vom Huhn zupfen und warm stellen. Das Gemüse aus dem Sieb grob stampfen, eventuell mit etwas Salz und Pfeffer abschmecken und später lauwarm zum Salat geben.

FÜR DAS DRESSING

Alle Zutaten gut miteinander verrühren und mit Salz abschmecken.

Den Kopfsalat waschen, klein zupfen und trocken schleudern oder tupfen.
Die Hähnchenleber/-innereien mit etwas Öl und dem Salbei in einer Pfanne anbraten und mit dem Himbeeressig ablöschen. Den Kopfsalat auf einer großen Platte verteilen, das lauwarme gezupfte Hähnchen mit dem Dressing marinieren und genauso wie den Gemüsestampf dazwischen anrichten.
Zum Schluss noch die Hähnchenleber/-innereien dazugeben, einmal mit der Pfeffermühle darübergehen und sofort servieren.

KOHLRABI
HACK
ARME RITTER

Rahmkohlrabi mit Hack, armen Petersilienrittern, Parmesan und Radieschen

ZUTATEN

FÜR DIE KOHLRABIS

4 mittelgroße Kohlrabis
1 Zwiebel
1 TL Butter
1 Scheibe Weißbrot
100 ml Milch
300 g Schweinehack
1 Ei
1 EL Haferflocken
1 TL Ketchup
1 TL Senf
schwarzer Pfeffer, Cayennepfeffer, Salz

FÜR DIE SOSSE

1 Zwiebel
etwas Butter
400 ml Kohlrabibrühe
200 ml Sahne
Saft und Abrieb von ½ Zitrone
Salz & Pfeffer
etwas Muskat
etwas Speisestärke

FÜR DIE ARMEN PETERSILIENRITTER

2 Eier
150 ml Milch
½ Bund glatte Petersilie mit Stiel
Salz und etwas Honig
8 Scheiben Weißbrot
120 g Parmesan

AUSSERDEM

Sandwichmaker (oder eine beschichtete Pfanne und etwas Öl)
8 Radieschen

ZUBEREITUNG

FÜR DIE KOHLRABIS

Von den Kohlrabis Deckel abschneiden. Die Kohlrabis (so gut es geht) aushöhlen, das Innere in kleine Würfel schneiden und beiseitestellen. Die ganzen „Kohlrabihüllen" mit den Deckeln 5 Minuten in Salzwasser kochen und beiseitestellen. Die Kohlrabibrühe aufheben.
Die Zwiebel schälen, in ganz kleine Würfel schneiden und in etwas Butter anschwitzen und abkühlen lassen.
Die Scheibe Weißbrot in etwas Milch einweichen und mit dem Schweinehack, der Zwiebel, dem Ei, den Haferflocken, dem Ketchup und dem Senf vermengen und mit etwas Cayennepfeffer, Pfeffer und Salz abschmecken. Die „Kohlrabihüllen" mit dem abgeschmeckten Schweinehack füllen und den Deckel wieder darauflegen.
Sollte Gehacktes vom Füllen übrig sein, könnt ihr einfach kleine Bällchen mit in die Soße geben!

FÜR DIE SOSSE

Die Zwiebel schälen, in kleine Würfel schneiden und zusammen mit den Kohlrabiwürfeln in etwas Butter in einem großen Topf anschwitzen. Mit der Kohlrabibrühe ablöschen, kurz köcheln lassen und die Sahne dazugeben. Die 4 gefüllten Kohlrabis daraufsetzen, bei geschlossenem Deckel und niedriger Hitze 20 Minuten köcheln lassen. Die gefüllten Kohlrabis dann herausnehmen und warm halten. Die Soße mit Zitronensaft und -abrieb, Salz, Pfeffer und Muskat abschmecken und eventuell mit etwas Speisestärke andicken.

FÜR DIE ARMEN PETERSILIENRITTER

Eier, Milch und Petersilie im Mixer sehr fein mixen, im besten Fall wird die Eiermilch richtig grün. Mit Salz und etwas Honig abschmecken.
Zwischen 2 Scheiben Weißbrot etwas Parmesanspäne legen, festdrücken, in der Eier-Milch-Mischung tränken und im Sandwichmaker kross backen.

Den Kohlrabi zusammen mit der Soße anrichten, mit gehobeltem Parmesan bestreuen und mit den Petersilienrittern servieren.

VERONIQUES REZEPT

TAFELSPITZ ROTE BETE SCHWARZWURZEL

Gekochter Tafelspitz mit Roter Bete, Schwarzwurzelpüree, Petersilienöl und geriebenem Meerrettich

BRAGARD

HEIKOS REZEPT

SCHULTERBUG SÜSSKARTOFFEL CAJUN SPICE

Schulterbug mit einer unfassbar guten Soße und Süßkartoffelpüree

ZUTATEN

FÜR DEN BUG

2 kg Rinderschulterbug

30 ml Ketjap manis (süße Sojasoße)

30 ml Liquid Flavour Antoniewicz (alternativ: 200 ml Tomatensaft bis auf 30 ml einkochen)

30 ml Olivenöl

FÜR DIE JUS

100 ml Portwein

20 ml Balsamessig

10 ml Ketjap manis

3 g Cajun-Spice-Gewürzmischung

Salz

FÜR DAS SÜSSKARTOFFELPÜREE

1 kg Süßkartoffeln

3 g Vadouvan oder Currypulver

40 g Butter

Salz

AUSSERDEM

verschiedene Gartenkräuter

Holunderblüten-Vinaigrette

ZUBEREITUNG

FÜR DEN BUG

Den Schulterbug von Sehnen und Fett befreien. Mit den weiteren Zutaten vakuumieren und bei 56 °C 24 Stunden im Wasserbad garen. Alternativ kann man auch alles in einen Bratschlauch geben und bei 65 °C Umluft 24 Stunden im Backofen garen. Im Anschluss aus dem Beutel nehmen, den Sud auffangen und das Fleisch von allen Seiten kurz scharf anbraten. Leicht salzen. Den Sud einmal aufkochen und fein passieren.

FÜR DIE JUS

Den Portwein mit Essig und Ketjap manis in einen Topf füllen, auf dem Herd bis auf ein Minimum einkochen und mit dem Sud von oben auffüllen. Auf die gewünschte Konzentration einkochen und mit dem Gewürz abschmecken. Leicht salzen.

FÜR DAS SÜSSKARTOFFELPÜREE

Die Süßkartoffeln schälen, in feine Scheiben schneiden und mit den weiteren Zutaten und 60 ml Wasser vakuumieren. Bei 85 °C im Wasserbad 1 Stunde garen und im Anschluss aus dem Beutel nehmen und fein pürieren. Alternativ kann man die Süßkartoffeln auch mit allen Zutaten im Bratschlauch bei 85 °C Umluft 1 Stunde im Backofen garen. Mit Salz abschmecken und warm stellen.

Das Fleisch in Scheiben schneiden und das Püree aufstreichen. Das Fleisch auf den Teller legen und die Soße aufgießen. Die Kräuter mit der Vinaigrette marinieren und arrangieren.

GAST-
KÖCHIN

SONNTAG FEAT. VERONIQUE WITZIGMANN

„

VERONIQUE HABE ICH, WIE AUCH META, BEIM BÜCHERTAUSCH KENNENGELERNT UND GENAU SEIT DIESEM TAG IST SIE MEIN SÜSSES GEWISSEN. DA DIE MEISTEN KÖCHE, DIE ICH KENNE, MICH EINGESCHLOSSEN, EHER KEINE LUST HABEN, NACHTISCH ZU MACHEN, IST ES FABELHAFT, EINE FREUNDIN WIE VERONIQUE ZU HABEN, DIE SÜSSES IN ALLEN VARIATIONEN MIT SO VIEL LIEBE UND ENGAGEMENT ZUBEREITET. NACHDEM SIE MICH SCHON IN MEINEM GRILLBUCH MIT SÜSSEM UNTERSTÜTZTE, WAR ES NUR DIE LOGISCHE FORTSETZUNG UND LANGE NICHT DAS EINZIGE MAL, DASS WIR IN DEN LETZTEN JAHREN ZUSAMMENGEARBEITET HABEN UND NATÜRLICH WEITERHIN WERDEN. WAS DABEI IMMER EIN BISSCHEN UNTERGEHT, IST, DASS SIE JA AUCH NOCH EINE RICHTIG GUTE KÖCHIN IST, UND DAS HAT SIE DIESMAL NICHT „SÜSS", SONDERN MIT TAFELSPITZ UNTER BEWEIS GESTELLT.

“

VERONIQUES REZEPT

TAFELSPITZ ROTE BETE SCHWARZWURZEL

Gekochter Tafelspitz mit Roter Bete, Schwarzwurzelpüree, Petersilienöl und geriebenem Meerrettich

„Bis heute ist der Tafelspitz eine meiner Lieblingsspeisen. Zumal es immer zwei Gerichte in einem sind ... der Tafelspitz und die kräftige Brühe. Gekocht hat diesen Sonntagsbraten immer meine Oma. Die Beilagen habe ich etwas abgewandelt, denn sie hat uns dazu selbst gemachten Cremespinat und Bratkartoffeln gemacht. Für mich ist das Gericht wie nach Hause kommen!"

ZUTATEN

FÜR DEN TAFELSPITZ

200 g Rinderknochen
1 kg Tafelspitz (wahlweise Brustkern)
2 Zwiebeln
2 Möhren
1 Petersilienwurzel
300 g Knollensellerie
1 Stange Lauch
3 Wacholderbeeren
1 Lorbeerblatt
1 Stiel Liebstöckel
5 Stiele glatte Petersilie
etwas Muskat
Salz, Pfefferkörner

FÜR DAS SCHWARZWURZELPÜREE

500 g Schwarzwurzeln, geputzt
250 g mehligkochende Kartoffeln
250 ml Sahne
300 ml Milch
Muskat, Zitronensaft, Salz, Pfeffer

FÜR DIE ROTE BETE

500 g Rote Bete
Salz
1 Msp. Kümmel
50 ml Rote-Bete-Saft (wahlweise Brühe)
3 EL Schwarzkirsch-Balsamessig (z. B. Pistole Hardcore Food)
50 g kalte Butter

FÜR DAS PETERSILIENÖL

15 g glatte Petersilie
100 ml Öl
Salz, Zitronensaft, Cayennepfeffer
frisch geriebener Meerrettich

ZUBEREITUNG

FÜR DEN TAFELSPITZ

Tafelspitz und Knochen unter kaltem Wasser waschen, in einem Sieb abtropfen lassen. Die Zwiebeln halbieren und auf der Schnittfläche in einer Pfanne dunkel anbraten.
Das Gemüse putzen, waschen und in grobe Stücke schneiden. 3 Liter Wasser zusammen mit dem Fleisch, Gemüse und Gewürzen in einen großen Kochtopf geben. Zum Kochen bringen. Dann die Hitze reduzieren und die Brühe etwa 2 ½ bis 3 Stunden „simmern" lassen.
Den weich gegarten Tafelspitz aus dem Topf nehmen und beiseitestellen. Die Brühe durch ein Sieb abgießen, Liebstöckel und Petersilie in die Suppe geben. Einige Minuten in der Brühe ziehen lassen und dann wieder herausnehmen. Mit Muskat, Salz und Pfeffer abschmecken.

FÜR DAS SCHWARZWURZELPÜ

Schwarzwurzeln und Kartoffeln schälen. In grobe Stücke schneiden. In einen Topf die Sahne und Milch geben. Schwarzwurzel- und Kartoffelstücke in der Mischung weich köcheln lassen. Mit dem Stabmixer pürieren und mit Muskat, Zitronensaft, Salz und Pfeffer würzen.

FÜR DIE ROTE BETE

Die Roten Beten waschen und in kochendem Salzwasser mit Kümmel weich garen. Abgießen und ausdämpfen lassen. Rote Beten schälen und in etwa 2 cm große Stücke würfeln. In einem Topf den Rote-Bete-Saft mit dem Balsamessig mischen. Die Rote-Bete-Würfel in dem Sud aufkochen. Unter Schwenken die restliche kalte Butter einrühren. Sobald die Butter die Flüssigkeit gebunden hat, nicht mehr kochen lassen.

FÜR DAS PETERSILIENÖL

Die Petersilie waschen, trocken schütteln. Die Blätter von den Stielen zupfen und in ein hohes Gefäß geben. Mit dem Öl zusammen fein pürieren und mit Salz, Zitronensaft und Cayennepfeffer abschmecken.

Serviert wird der Tafelspitz mit frisch geriebenem Meerrettich, Schwarzwurzel-Püree, Rote-Bete-Würfeln und etwas Petersilienöl. Wer mag, gibt noch Brühe auf den Teller.

TIERFAIRBRIK
JULIA BECKER & HUBERTUS NÄGEL
FALKENBERGER STR. 2
34576 HOMBERGSHAUSEN

BEI HUBERTUS UND DEN GEILEN SCHWEINEN

Durch viel Engagement und Liebe zur Natur hat die selten gewordene Freilandhaltung in Hombergshausen wieder Einzug gehalten. Hubertus Nägel will durch nachhaltige und verantwortungsbewusste Landwirtschaft und soziale Projekte mehr Bewusstsein schaffen.

Hombergshausen. Ein kleiner Ort südlich von Kassel, wo sich Fuchs und Hase Gute Nacht sagen. 120 Einwohner. Viel mehr gäbe es über dieses Dorf auch nicht zu sagen, wenn da nicht eine außergewöhnliche Fabrik ansässig wäre. Seit 2014 betreiben nämlich Julia Becker und Hubertus Nägel ihren Hof gewerblich und verkaufen Ahle Wurscht von glücklichen Schweinen. „Tierfairbrik" heißt ihr Baby, und wenn man in den Hof der beiden einfährt, merkt man sofort, dass hier einiges gar nicht so läuft, wie man es vielleicht sonst kennt. Da steht etwa ein riesiges Zirkuszelt einfach so in der Gegend herum, man findet Hipster-Interieur im Kuhstall und ein ausrangierter Wohnwagen dient als Hühnerstall. Ein verrückter Ort mit abgefahrenen Typen, bei denen man sich aber im Nu wohlfühlt. Dementsprechend entspannt und gut gelaunt geht auch die Arbeit zu diesem Buch vonstatten. Während Christophs Kitchen-Crew schon mal alles für die Gerichte vorbereitet und aufbaut, geht der Meister selbst erst mal auf Produktsuche. Und der Hof der Tierfairbrikanten ist wahrlich ein Eldorado für alle Spitzenköche, die ja stets auf der Suche nach nachhaltigen Produkten sind. Schweine, Hühner, einige Schafe und Ziegen und seit 2015 gehört zu dem 140 Hektar großen Bauernhof auch der Gemüseanbau. Dort findet man alles, was das küchenaffine Herz begehrt, und Azubi Joschi kümmert sich mit größter Hingabe um sein Reich. Während Christoph also hoch konzentriert im Gemüsefeld nach dem knackigsten Gemüse sucht, versorgt ihn Joschi mit den wichtigsten Infos des jeweiligen Produkts. Denn, wie auch bei der Schweinezucht, will man hier behutsam voranschreiten.

Angebaut wird nur so viel, wie man aktuell auch gut bewältigen kann. Qualität steht an oberster Stelle. Wie schon seit jeher auf dem Betrieb im Hombergshausen.

Die 60 Hühner, die auf der Tierfairbrik leben, lassen es sich nicht nur im Freigehege gut gehen, sondern legen ihre Eier in einem ganz besonderen Stall: einem ausrangierten Wohnwagen, in dem bereits diverse Rapper und Rocker einen über den Durst getrunken haben. Hubertus Nägel ist nämlich Mitorganisator des Musikschutzgebiet-Festivals. In naher Zukunft sollen noch etwa 200 Hühner dazukommen. Das Highlight im Hofladen der beiden sympathischen Hippie-Bauern ist aber definitiv die Ahle Wurscht. Die Wiesenschweine, aus deren Fleisch die Wurst hergestellt wird, verbringen nämlich ihr langes Leben auf einem weitläufigen Gelände in Hombergshausen, wo sie sich offenbar sauwohl fühlen: Täglich wird im Schlamm gebadet, zum Fressen gibt's allerlei aus der Heimat, die Tiere sind ganztags draußen. Und glücklich.

DER HIPSTER UNTER DEN FARMERN

FLEISCH EIN GESICHT GEBEN. HUBERTUS NÄGEL HAT GENUG VON EINER ÜBERFLUSSGESELLSCHAFT, IN DER LEBENSMITTEL EINEN VIEL ZU GERINGEN STELLENWERT EINNEHMEN. DARUM HAT ER IN HOMBERGSHAUSEN MIT DER TIERFAIRBRIK EIN ZEICHEN GESETZT UND LEBT MIT FREUNDEN UND FAMILIE EIN ENTSCHLEUNIGTES LEBEN ABSEITS VON STRESS UND MASSENPRODUKTION.

Deine Eltern waren immer schon Bauern, du bist aber erst später auf den Geschmack gekommen, oder wie?

Meine Eltern haben bestimmt nicht gedacht, dass ich den Hof weiterführen werde. Ich habe nämlich nach der Schule begonnen zu studieren, war sportlich sehr aktiv und sonst auch relativ kreativ. Ich habe zwar immer schon auf dem Hof mitgeholfen, aber bestimmt nicht mit der nötigen Passion. Erst als ich während des Studiums für ein halbes Jahr in Neuseeland war, hat sich das für mich irgendwie herauskristallisiert, dass ich dann doch gern den Bauernhof weiterführen würde. Allerdings mit einer anderen Herangehensweise, einer entschleunigten Art und Weise.

Daraus hat sich dann ja recht schnell eine WG entwickelt?

Das hat sich sehr gut ergeben und es uns allen leichter gemacht, den Wechsel vom Studentenleben hin zum Bauernalltag im einsamen Dorf hinzubekommen. So haben wir eigentlich einfach die WG von der Stadt hierher zu uns verfrachtet. Mittlerweile läuft das auch mit Familie sehr gut.

Es ist ja eigentlich ein Ackerbaubetrieb. Seit wann habt ihr auch Tiere?

2010 haben wir uns für jedes WG-Mitglied ein Schwein angeschafft. Da wir dann mehr als genug Fleisch hatten, ist das dann erst mal im Freundeskreis weitergegeben worden, die dann von dem guten Fleisch nicht genug bekommen konnten. Heute haben wir so an die 70 Schweine. Dazu auch noch Braunvieh, Highland-Rinder und Hühner.

Wie viele Tiere sind da für euch in Zukunft umsetzbar?

Das hängt natürlich auch mit der Perspektive für den Hof zusammen. Der Hof meiner Eltern ist ja bis jetzt auch auf Ackerbau ausgelegt. Sollten wir uns entschließen, auch hier komplett auf ökologische Landwirtschaft umzustellen, dann hat man eine andere Fruchtfolge, dementsprechend auch mehr Feldfutter und müsste dann auch mehr Tiere halten, die durch dieses Futter versorgt werden.

Bei den Schweinen arbeitet ihr mit einer Kreuzung aus Bentheimer und Duroc?

Ja, wobei wir da in Zukunft vielleicht noch etwas Neues planen. Wir haben hier bei uns am Waldrand nämlich die Möglichkeit, Eichelmast zu betreiben, daher überlegen wir uns die Anschaffung von Ibérico-Schweinen.

„ICH SEHE DAS AUCH SO EIN BISSCHEN ALS MEINEN AUFTRAG AN, WIEDER MEHR BEWUSSTSEIN FÜR NACHHALTIGE PRODUKTE IN UNSERER REGION ZU VERANKERN."

– HUBERTUS NÄGEL

Wie kam es zum Namen „Tierfairbrik"?

Der Name „Tierfairbrik" spielt auf die Massentierhaltung an. Wir wollen damit die Vorzüge unserer Tierhaltung herausstellen und zeigen, dass es in kleinem Stil auch anders geht. Bewusster Fleischkonsum – darum geht es uns hier in Hombergshausen. Wir wollen keine anderen Landwirte kritisieren oder den Leuten eine Predigt halten, sondern einfach eine Alternative bieten. Die ist zwar etwas teurer als im Supermarkt, dafür können Käufer jedoch sicher sein, dass die Schweine ein artgerechtes Leben geführt haben. Unsere Tiere haben zwei Hektar Auslauf und können aus dem Stall, wann sie wollen. Dazu kommt das Futter aus der Region und überwiegend von unserem Hof.

Ihr verkauft vor allem eure Ahle Wurscht. Kann man quasi auch die ganze Sau kaufen?

Ja. Wobei eine ganze Sau meist keiner kauft. Wir bieten daher Acht-Kilo-Kisten an, wo man vom Filet übers Gulaschfleisch bis hin zur Bratwurst alles vom Schwein bekommt. Mittwochs wird geschlachtet, freitags kann man dann seine Ware bei uns abholen. Wobei der Preis für viele Neukunden natürlich erst mal eine Überraschung ist, da ein in Freilandhaltung aufgezogenes Schwein natürlich mehr kostet als eines aus der Massenproduktion. Dafür kann man es bei uns quasi beim Größerwerden auf der Wiese begleiten und beobachten.

Habt ihr eher Privatkunden oder auch Leute aus der Gastronomie?

Das ist ganz gemischt. Da kommen viele aus der Region, die mittlerweile für gutes Fleisch auch bereit sind, mehr auszugeben. Aber auch aus der Gastronomie haben wir einige Kunden, die sich über unsere Freilandschweine freuen.

Jetzt habt ihr ja auch Gemüse am Start, das auch über den Hofladen vertrieben wird.

Das freut mich ganz besonders, da ich ja lange Zeit auch Vegetarier war. Erst durch meinen Aufenthalt in Neuseeland habe ich wieder begonnen, Fleisch zu essen. Da hat meine Gastfamilie durch sanften Druck etwas nachgeholfen. Seit 2015 bauen wir jetzt auch selbst Gemüse an. Unser Azubi Joschi hat das übernommen und macht das ganz toll. Diese Idee brannte eigentlich schon länger in mir. Für uns und unsere Gemeinschaft, aber auch als tolle Ergänzung zu unserem Hofladen. Da kann man als Kunde mittlerweile seine gebrandete Kiste ordern und bekommt dann immer in dieser Kiste sein Gemüse.

Wird das auch schon gut angenommen?

Durch die Bank schon. Wobei wir feststellen, dass manche Kunden mit der Vielzahl an Gemüse ein Problem haben und dann teilweise gar nicht mehr wissen, was sie damit kochen sollen. Die sind regelrecht überfordert. Da sind wir dahinter, dass entsprechende Klientel zu finden und ein breiteres Bewusstsein für gesundes Gemüse aufzubauen.

Wie groß kann und soll das werden?

Bis jetzt haben wir auf 1,5 Hektar Gemüse angebaut, das kann vielleicht doppelt so viel werden. In diesem Rahmen soll es aber bleiben. Wir wollen also keine Großmärkte beliefern, sondern ausschließlich den Endverbraucher ansprechen. Der Kunde soll einfach einen tollen Bezug zu unserem Bauernhof haben und seine Produkte mit dem Lauf der Saison kaufen. Im Supermarkt ist ja fast alles ganzjährig erhältlich, bei uns gibt es nur das, was die Natur aktuell hergibt. Das aber in bestmöglicher Qualität. Das sehe ich auch so ein bisschen als meinen Auftrag an, wieder mehr Bewusstsein für nachhaltige Produkte in unserer Region zu verankern.

Christoph Brand kennt ihr ja schon lange. Wie hat eure Freundschaft begonnen?

Julia kennt Christoph schon seit ihrer Jugendzeit aus Fritzlar. Danach hat sie längere Zeit mit Christoph zusammengearbeitet und so ist auch unsere Freundschaft entstanden. Seither unterstützen wir uns gegenseitig, so gut wir nur können.

Ihr veranstaltet auch das Musikschutzgebiet-Festival. Woher stammt die Leidenschaft zur Musik?

Das Interesse an guter Musik war schon immer da. Während der Studienzeit habe ich mit einem Stone-Rocker zusammengewohnt und mit ihm wurde die Idee zum Musikschutzgebiet geboren. Der ganze Platz, den wir rund um unseren Hof haben, sollte endlich einmal richtig genutzt und gerockt werden. Wir wollten da vornehmlich den nicht so etablierten Bands eine Plattform bieten, um auf einem coolen Festival aufzutreten. Das Persönliche und Gemeinschaftliche sollte in den Vordergrund gestellt werden. Auch hier war Christoph stets dabei, wenn wir auf irgendeine Art Hilfe angewiesen waren.

Und wie sind eigentlich deine Erinnerungen an den Sonntagsbraten?

Da schießt mir so wie fast jedem sofort das Zusammensein mit der Familie in den Kopf. Sonntags bei der Oma, die auch einen Bauernhof mit vielen Tieren hatte. Bei Großeltern hatte der Sonntagsbraten ja noch eine ganz andere Bedeutung. Die sind nämlich in einer Zeit groß geworden, als Fleisch etwas ganz Besonderes war, da es generell wenig Lebensmittel gab.

IM HERBST

22./23. SEPTEMBER – 20./21. DEZEMBER

↓
↓
↓

IM HERBST

VON WIESEN, FELDERN UND AUS WÄLDERN

↓

REZEPTE IM HERBST

KÜRBISRAGOUT UND GULASCH

↓

PRODUZENT IM HERBST

CHRISTOPH HAMMEL AUS KIRCHHEIM

ERNTEFRISCH AUF DEN TISCH

DRAUSSEN PURZELN DIE TEMPERATUREN, ABER DRINNEN WIRD ES JETZT MIT LECKEREN GERICHTEN KUSCHELIG WARM. WILD, NÜSSE, PILZE, OBST, GEMÜSE UND NOCH VIEL MEHR – MIT DEM HERBST BRICHT DIE ERNTEREICHSTE ZEIT IM JAHR AN.

Wenn die Tage kürzer werden, morgendliche Nebelfelder über die Felder ziehen und die Sonnenstrahlen nur noch schwach wärmen, ist der Herbst da. Aber von wegen trübe Stimmung: Gerade im Herbst zeigt sich die Natur von einer ihrer schönsten Seiten. Das Laub von Bäumen und Sträuchern erstrahlt in leuchtenden Gelb-, Orange- oder Rottönen und es blühen die herrlichsten Blumen. Und wenn der Sommer ausklingt und der Herbst mit all seinen bunten Blätterfarben ins Land zieht, dann ist die heimische Früchte- und Gemüsevielfalt riesengroß. Da viele heimische Obst- und Gemüsesorten im Frühling und Sommer wachsen, ist die Ernte zwischen August und Oktober unglaublich reichhaltig. Gemüsefreunde dürfen also besonders häufig kochen, um all die Genüsse der spätsommerlichen Erträge auskosten zu können. Aber einmal ganz ehrlich: Ein Herbst ohne Wildgerichte ist kein richtiger Herbst, in der vorletzten Jahreszeit wird noch einmal richtig geschlemmt und genossen. Reh, Hirsch, Wildschwein – nie schmeckt Wildbret besser als im Herbst. Der dunkle Geschmack des Fleisches, dazu leichte Beilagen und ein Glas Rotwein – fertig ist das Feinschmeckeressen für Genießer. Das Fleisch der wildlebenden Tiere gilt als sehr gesund und wird auch oft in der Diätküche verwendet. Es enthält leicht verdauliches Eiweiß und ist ein durchwegs fettarmes Fleisch.

Doch im Herbst wird nicht nur die Wildsaison eingeläutet! Die Felder verwöhnen uns mit Artischocken, Auberginen, Brokkoli, Bohnen, Paprika, Kürbissen, Rosenkohl, Zucchini oder auch Zuckermais. Herbstzeit ist daher nicht umsonst die Einkochzeit des Jahres, denn die frischen Früchte müssen möglichst schonend haltbar gemacht werden, damit die Familie auch in den ansonsten kargen Wintermonaten genug zu essen hat. Beim Gemüse ist aber ohnehin die Auswahl auch in den kälteren Monaten groß. Man muss nur ein wenig flexibel sein, denn manche Sorten wachsen zu dieser Jahreszeit nicht mehr. Andere Sorten haben dafür jetzt Hochsaison, zum Beispiel Federkohl, Rosenkohl, Herbstrübe, Kürbis und Pastinake. Auch bei den ganzjährigen Gemüsesorten kann man weiterhin unbesorgt zugreifen. Und nicht zu vergessen die alten Schätze: Urmöhre, Topinambur, Steckrübe und Co. Alles alte Gemüsesorten, die im Herbst wieder voll im Trend liegen. Sie schmecken besonders aromatisch und sind supergesund. Denn die altbewährten Gemüsesorten stecken voller wichtiger Vitamine und Nährstoffe, die der Körper gerade zur kalten Jahreszeit so dringend braucht. Viele von ihnen waren fast schon in Vergessenheit geraten, bevor sie nun seit einiger Zeit wieder Einzug in unsere Küche gefunden haben.

LINSEN
ENTE
BREZELKNÖDEL

Geschmorte Keulen mit gerupftem Brezelknödel, Selleriegrün und Apfelessig-Chutney

ZUTATEN

FÜR DIE KEULEN

1 TL Paprikapulver
½ TL Cajun-Curry
1 TL Salz
1 Msp. Zimt
½ TL Zucker
4 EL Pflanzenöl
4 Entenkeulen (300 g–350 g pro Keule)

FÜR DIE LINSEN

200 g Linsen
2 rote Zwiebeln
1 walnussgroßes Stück Ingwer
2 EL getrocknete Aprikosen
etwas Enten- oder Gänseschmalz
1 TL Honig
2 Zweige Thymian
200 ml naturtrüber Apfelsaft
800 ml gute Geflügelbrühe
200 ml Rotwein
etwas Balsamicoessig
Salz & Pfeffer

ZUBEREITUNG

FÜR DIE KEULEN

Alle Zutaten bis auf die Entenkeulen gut miteinander verrühren.
Die Entenkeulen mit dem entstandenen Gewürzöl sorgfältig einmassieren.

FÜR DIE LINSEN

Die Linsen am besten über Nacht einweichen und das Wasser kurz vor der Zubereitung abschütten. Zwiebeln und Ingwer schälen, mit den getrockneten Aprikosen in feine Würfel schneiden und alles zusammen in einem Bräter mit etwas heißem Entenschmalz anschwitzen, Honig, Linsen und Thymian dazugeben und das Ganze mit dem Apfelsaft ablöschen und der Geflügelbrühe und dem Rotwein aufgießen. 10 Minuten köcheln lassen und vom Herd nehmen. Die Entenkeulen auf einem Gitterblech über den Bräter mit den Linsen setzen und bei 200 °C Ober-/Unterhitze ein bisschen mehr als 1 Stunde in den Ofen schieben. Kurz vor dem Servieren die Thymianzweige rausnehmen, die Linsen mit etwas Balsamicoessig und Salz und Pfeffer abschmecken.

ZUTATEN

FÜR DIE GEZUPFTEN SERVIETTENKNÖDEL

400 g alte Laugenbrötchen oder Brezeln

4 Stangen Lauchzwiebeln

4 Stiele glatte Petersilie

4 Scheiben Frühstücksspeck

etwas Butter

180 ml Milch

Muskat, Salz, Pfeffer

2 Eier

FÜR DAS APFELESSIG-CHUTNEY

1 Stange Zimt

1 Sternanis

50 ml Apfelessig

200 ml naturtrüber Apfelsaft

Saft und Abrieb von 1 Zitrone

1 EL Honig

2 nicht zu süße Äpfel

etwas Speisestärke

AUSSERDEM

2 Stangen Staudensellerie samt Blätter

etwas Salz, Zucker und Butter

ZUBEREITUNG

FÜR DIE GEZUPFTEN SERVIETTENKNÖDEL

Die Laugenbrötchen würfeln (1 cm), Lauchzwiebeln putzen, waschen und fein schneiden, Petersilie waschen, trocken tupfen und mit samt den Stängeln sehr fein schneiden. Den Speck fein schneiden.
Speck und Lauch in etwas Butter anschwitzen und mit der Milch auffüllen, einmal aufkochen lassen, mit Salz, Pfeffer und Muskat abschmecken, die Petersilie dazugeben und das Ganze in einer Schüssel über die Laugenbrötchenwürfel geben und mit einem Holzlöffel gut verrühren. Ein bisschen quellen lassen. 5 Minuten ruhen lassen und dann die beiden Eier unter die Masse kneten, eventuell noch mal mit Salz nachschmecken.
Die Masse auf ein Geschirrtuch geben, aufrollen und die Enden mit einem Bindfaden gewissenhaft verschließen, in siedendem Wasser in einem großen Topf 30 Minuten ziehen lassen. Kurz vor dem Servieren herausnehmen, auspacken, in grobe Stücke zupfen und in etwas Butter kross braten.

FÜR DAS APFELESSIG-CHUTNEY

Zimt, Sternanis, Essig, Apfelsaft, Zitronensaft und Honig in einem kleinen Topf aufkochen lassen und so lange weiterköcheln lassen, bis die Flüssigkeit um die Hälfte reduziert ist. Die Äpfel schälen, entkernen, in kleine Würfel schneiden und in die reduzierte Flüssigkeit geben. Gut durchrühren, den Zimt und den Sternanis herausnehmen, einmal aufkochen und eventuell mit etwas Speisestärke andicken, den Zitronenabrieb dazugeben und nach Geschmack mit etwas Essig und Honig nachwürzen.
Den Staudensellerie putzen und in dünne Scheiben schneiden, salzen und leicht zuckern und in etwas Butter kurz anschwitzen. Den Sellerie und das Grün für die Optik des Tellers nutzen und alles schön anrichten.

BLUMENKOHL SÜSSKARTOFFEL CURRY

Veggie-Süßkartoffel-Curry mit Basmatis und pinkem Blumenkohl

ZUTATEN

FÜR DAS BLUMENKOHL-CURRY
2 Süßkartoffeln
4 Stangen Staudensellerie
½ Blumenkohl
1 walnussgroßes Stück Ingwer
1 Zwiebel
1 Apfel
1 Chilischote
etwas Öl
1–2 TL gutes Currypulver
400 ml Gemüsebrühe
1 Stange Zitronengras
6 EL helle Sojasoße
2 EL Sweet-Chili-Soße
200 ml Kokosmilch
etwas Speisestärke
Salz und brauner Zucker

FÜR DEN BLUMENKOHL IN PINK
½ Blumenkohl
etwas Butter
200 ml Rote-Bete-Saft
Saft von ½ Zitrone
½ TL Honig
Salz

FÜR DIE BASMATIS
200 g Basmatireis
1 Ei
Salz
etwas Öl

AUSSERDEM
Kerbel oder Koriandergrün

ZUBEREITUNG

FÜR DAS BLUMENKOHL-CURRY
Die Süßkartoffeln schälen und in grobe Stücke schneiden, den Staudensellerie waschen, eventuell ein paar Fasern ziehen und in 2 cm große Stücke schneiden. Den Blumenkohl putzen und in kleine Röschen schneiden. Ingwer und Zwiebel schälen und in kleine Würfel schneiden. Den Apfel schälen, entkernen und in kleine Würfel schneiden. Die Chili halbieren, die Kerne entfernen und in feine Würfel hacken.
Zwiebeln, Apfel und Süßkartoffeln zusammen mit dem Chili und dem Ingwer in heißem Öl anschwitzen, mit dem Curry bestäuben und mit der Gemüsebrühe ablöschen. Das Zitronengras anschlagen und dazugeben, alles zusammen 10 Minuten köcheln lassen. Staudensellerie und Blumenkohl dazugeben und das Ganze weitere 10 Minuten köcheln lassen. Die Soja- und die Sweet-Chili-Soße dazugeben, genauso wie die Kokosmilch, und das ganze eventuell mit etwas Speisestärke andicken. Sollte noch Salz und/oder ein bisschen Süße fehlen, dann gern mit Salz und Zucker nachwürzen.

FÜR DEN BLUMENKOHL IN PINK
Blumenkohl putzen, waschen und in kleine Röschen schneiden. In der heißen Pfanne mit etwas Butter anschwitzen und mit dem Rote-Bete- und dem Zitronensaft ablöschen, unter Beobachtung einkochen lassen und immer wieder schwenken bis die Rote-Bete-Farbe komplett in den Blumenkohl eingezogen ist. Den rosa Blumenkohl mit etwas Honig und Salz abschmecken.

FÜR DIE BASMATIS
Basmatireis in reichlich Salzwasser bissfest kochen und auskühlen lassen. Unter den ausgekühlten Reis das Ei rühren, eventuell mit Salz nachwürzen, in kleine Taler formen und die Basmatis im heißen Fett am besten in einer beschichteten Pfanne goldbraun braten.
Das Curry im tiefen Teller zusammen mit den Basmatis, dem pinken Blumenkohl und Kerbel oder gezupftem Koriander anrichten.

KÜRBIS KERNE KOTELETT

Schweinekotelett, Kürbisragout, Kernkrokant und Ofen-Pommes

ZUTATEN

FÜR DAS SCHWEINEKOTELETT
2 Schweinekoteletts à 450 g
etwas Zucker
Salz
Butterschmalz
2 Zweige Rosmarin
1 Knoblauchzehe
schwarzer Pfeffer

FÜR DAS RAGOUT
300 g Hokkaido-Kürbis
1 Zwiebel
1 walnussgroßes Stück Ingwer
eventuell 1 Chilischote
1 Zweig Rosmarin
1 EL brauner Zucker
Olivenöl
100 ml Orangensaft
100 ml Gemüsebrühe
etwas Speisestärke
1 EL Sweet-Chili-Soße
3 EL helle Sojasoße

FÜR DEN KROKANT
60 g brauner Zucker
100 g Kürbiskerne

FÜR DIE OFEN-POMMES
300 g Kartoffeln
2 Zweige Rosmarin
1 Knoblauchzehe
5 EL Olivenöl

ZUBEREITUNG

FÜR DAS SCHWEINEKOTELETT

Die Koteletts leicht zuckern und salzen, auf ein Gitterblech legen und 1 Stunde bei 80 °C Ober-/Unterhitze in den Ofen schieben. Kurz vor dem Servieren die Koteletts in heißem Butterschmalz mit 2 Zweigen Rosmarin und 1 angedrückten Knoblauchzehe kross braun braten, gut pfeffern und eventuell nachsalzen.

FÜR DAS RAGOUT

Den Kürbis waschen, halbieren, die Kerne entfernen und in 1 cm große Würfel schneiden.
Die Zwiebel und den Ingwer schälen und in sehr feine Würfel schneiden, genauso wie die Chili, wenn man es scharf mag.
Den Rosmarinzweig zupfen und sehr fein schneiden. Den Zucker in einer beschichteten Pfanne karamellisieren, Ingwer, Zwiebeln und Chili mit einem kleinen Schuss Olivenöl dazugeben und kurz durchschwenken. Den Kürbis dazu geben und das Ganze 2–3 Minuten anschwitzen. Mit dem Orangensaft ablöschen und mit der Brühe auffüllen. Einmal aufkochen, den Rosmarin dazugeben und eventuell mit etwas Speisestärke andicken. Mit Chili- und Sojasoße abschmecken und fertig.

FÜR DEN KROKANT

Zucker und Kürbiskerne in einer beschichteten Pfanne unter Beobachtung und Rühren karamellisieren. Die Masse auf Backpapier geben und auskühlen lassen, dann grob durchhacken und trocken aufbewahren.

FÜR DIE OFEN-POMMES

Die Kartoffeln kräftig schrubben und trocken tupfen. Die Rosmarinzweige kleinzupfen und fein schneiden, den Knoblauch schälen und sehr fein schneiden, beides mit dem Olivenöl gut verrühren. Mit dem Gewürzöl die Kartoffeln marinieren.
Am besten legt man die Kartoffeln dann auf ein Backofenblech mit Backpapier und schiebt sie bei 180 °C Umluft 25 Minuten in den Ofen. Sollten sie noch nicht genug Farbe haben, Oberhitze anstellen und braun werden lassen.

SPITZKOHL
LASAGNE
STEINPILZE

Veggie-Variante mit Spitzkohl, Rahm, cool geschichtet, Steinpilzstaub und Jausenkäse

ZUTATEN

FÜR DEN RAHM-SPITZKOHL

600 g Spitz- oder Weißkohl
1 Zwiebel
½ Knoblauchzehe
150 g geräucherter Tofu
50 g getrocknete Steinpilze
300 ml Gemüsebrühe
etwas Pflanzenöl
Salz & Pfeffer
300 ml Sojasahne
Muskat
8 getrocknete Lasagneplatten
200 g Bergkäse

AUSSERDEM

1 großes oder 4 kleine Weckgläser

ZUBEREITUNG

FÜR DEN RAHM-SPITZKOHL

Den Spitzkohl in Würfel schneiden (2–3 cm), waschen und trocken schütteln. Zwiebel und Knoblauch schälen und in kleine Würfel schneiden. Den geräucherten Tofu in kleine Würfel schneiden und die getrockneten Steinpilze in etwas Brühe einweichen. Die Tofuwürfel in heißem Öl kräftig anbraten, den Spitzkohl zusammen mit den Zwiebeln und dem Knoblauch dazugeben, mit Salz und Pfeffer würzen, kurz mitbraten und mit der Gemüsebrühe samt den Steinpilzen ablöschen.
10 Minuten köcheln lassen, mit der Sojasahne auffüllen, noch mal mit Salz, Pfeffer und Muskat abschmecken und dann den Spitzkohl samt Soße abwechselnd mit den Lasagneplatten im Glas schichten. Zum Schluss den Bergkäse großzügig darübergeben und bei 160 °C Umluft 25 Minuten im Ofen fertig backen.

GRÜNKOHL
WALLER
BRATENJUS

Quasi Berliner Leber, nur eben vom Waller! Mit Wallerfilet, Leber und Grünkohl

ZUTATEN

FÜR DEN WALLER UND DIE WALLERLEBERN

4 Wallerfilets à 100 g
Salz
etwas Butterschmalz
4 Wallerlebern à 40 g
etwas Mehl
4 EL Himbeeressig

FÜR DIE BLITZ-JUS

400 ml Bratensaft oder Jus
6 Backpflaumen
100 ml dunkler Balsamicoessig
100 ml Rotwein oder Kirschsaft
1 TL Honig
1 Zweig Rosmarin
Salz & Pfeffer

FÜR DEN GRÜNKOHL

2 große Kartoffeln
Salz
1 kleine Zwiebel
300 g Grünkohl (gern junger Grünkohl, er ist zarter)
etwas Butterschmalz
200 ml Rinderbrühe
1 TL grober Senf
Pfeffer
etwas Nussöl

AUSSERDEM

4 Scheiben Frühstücksspeck
1 Zwiebel
Salz und etwas Mehl
etwas Butterschmalz

ZUBEREITUNG

FÜR DEN WALLER UND DIE WALLERLEBERN

Die Wallerfilets salzen und in der heißen Pfanne (am besten beschichtet) von jeder Seite 1 Minute braten. Auf ein Blech geben und 2 Minuten im Ofen bei 80 °C Ober-/Unterhitze abgedeckt ruhen lassen. Die Lebern mehlieren, abklopfen und in derselben Pfanne scharf anbraten und mit dem Himbeeressig ablöschen, leicht salzen und heiß zu dem Rest servieren.

FÜR DIE BLITZ-JUS

Alle Zutaten in einen Topf geben und bei mittlerer Hitze um die Hälfte einkochen, zum Schluss mithilfe eines Stabmixers fein pürieren und eventuell mit etwas Salz und Pfeffer abschmecken.

FÜR DEN GRÜNKOHL

Die Kartoffeln schälen, in kleine Würfel schneiden und in Salzwasser bissfest kochen. Die Zwiebel schälen und fein würfeln.
Den Grünkohl putzen, waschen, den Strunk herausschneiden und in sehr feine Streifen schneiden (wenn es wirklich junger Grünkohl ist, nur waschen und Strunk herausschneiden, ansonsten ganz lassen). Die Zwiebel in etwas Butterschmalz zusammen mit den Kartoffeln anschwitzen, den Grünkohl dazugeben und 5 Minuten mitschwitzen, mit der Rinderbrühe ablöschen und so lange köcheln lassen, bis die Flüssigkeit fast weg ist, den Senf dazugeben und das Ganze mit Pfeffer, Salz und Nussöl abschmecken.

Den Speck am besten in einer beschichteten Pfanne kross braten. Die Zwiebel schälen, in Ringe schneiden, salzen, mehlieren und am besten in der Fritteuse goldbraun backen. Ohne Fritteuse in der heißen Pfanne mit etwas Butterschmalz goldbraun braten.

Den Waller auf dem Grünkohl anrichten, die Leber dazugeben und das Ganze mit Jus, Speck und krossen Zwiebeln anrichten.

SAUBOHNE
EISBEIN
SENFSAAT

Das Prinzip Eintopf, nur noch handfester!

ZUTATEN

FÜR DAS EISBEIN UND DEN FOND

1 großes Eisbein (1200 g–1400 g)
1 EL Pfefferkörner
1 EL Wacholderbeeren
4 Lorbeerblätter
3 Nelken
1 EL Senfkörner
2 Möhren
½ Sellerieknolle
1 Pastinake
1 Gemüsezwiebel
500 g dicke gefrorene Bohnen
8 Lauchzwiebeln
etwas Butter
5 Stiele Liebstöckel
Salz & Pfeffer

FÜR DEN PFEFFERSENF

1 EL fermentierter Pfeffer
6 EL süßer Senf
½ Bund Schnittlauch
2 EL Schmand
Salz

ZUBEREITUNG

FÜR DAS EISBEIN

Das Eisbein zusammen mit 1½ l Wasser, den Pfefferkörnern, den Wacholderbeeren, den Lorbeerblättern, den Nelken und den Senfkörnern in einem großen Topf aufsetzen und 1½ Stunden köcheln lassen.
Die Möhren, die Sellerieknolle, die Pastinake und die Zwiebel schälen und würfeln (1 cm).
Das Eisbein aus dem Topf nehmen und den Fond durch ein Sieb geben. In demselben Topf das gewürfelte Gemüse, die Bohnen und die Lauchzwiebeln in etwas Butter anschwitzen und mit dem Eisbeinfond auffüllen, das Eisbein wieder dazugeben und das Ganze für weitere 20 Minuten köcheln lassen.
Den Liebstöckel samt Stängeln ganz fein schneiden, dazugeben und das Ganze mit Pfeffer und Salz abschmecken. Das Eisbein gern direkt aufschneiden und mit der Suppe verteilen oder das Eisbein auf einem Brett servieren und am Tisch in die Suppe aufschneiden. Den Pfeffersenf dazu servieren. Ich liebe frisches Brot mit Butter dazu.

FÜR DEN PFEFFERSENF

Alle Zutaten gut miteinander verrühren und mit etwas Salz abschmecken.

GULASCH
PAPRIKA
SAUERKRAUT

Gulasch mit rotem und gelbem Paprika-Sugo, gebackenem Sauerkraut und Sauerkrautstrudel

ZUTATEN

FÜR DAS GULASCH

6 weiße Zwiebeln
1 Knoblauchzehe
4 Kartoffeln
800 g Rindergulasch
Butterschmalz
2 Lorbeerblätter
2 EL Paprikapulver
1 EL Tomatenmark
250 ml Rotwein
Salz & Pfeffer
500 ml Rinderbrühe
2 Zweige Thymian
Abrieb von 1 Zitrone
1 Msp. gemahlener Kümmel
etwas brauner Zucker

FÜR DEN ROTE PAPRIKA-SUGO

1 rote Paprikaschote
1 Chilischote
etwas Olivenöl
100 ml Gemüsebrühe
50 ml Tomatensaft
1 TL Honig
Salz & Pfeffer
etwas Speisestärke

ZUBEREITUNG

FÜR DAS GULASCH

Die Zwiebeln schälen und grob würfeln, den Knoblauch schälen und in feine Würfel schneiden. Die Kartoffeln schälen, grob würfeln und beiseitestellen. Das Fleisch in einem großen Bräter in heißem Butterschmalz kräftig anbraten und herausnehmen, die Zwiebeln mit dem Knoblauch in den Bräter geben und anschwitzen. Lorbeerblätter, Paprikapulver und Tomatenmark zugeben, kurz mit anschwitzen und mit dem Rotwein ablöschen. Das Fleisch dazugeben, mit Salz und Pfeffer kräftig würzen. Das Ganze mit Brühe auffüllen und bei mittlerer Hitze 1 Stunde köcheln lassen. Die Kartoffeln dazu geben und alles zusammen weitere 20 Minuten köcheln lassen.
Jetzt den Thymian, den Zitronenabrieb und den Kümmel dazugeben, noch mal 15 Minuten köcheln lassen und das Gulasch mit Salz, schwarzem Pfeffer und braunem Zucker abschmecken.

FÜR DEN ROTE PAPRIKA SUGO

Die Paprika waschen, halbieren von Häutchen und Kernen befreien und in grobe Stücke schneiden.
Die Chilischote von den Kernen befreien und in kleine Stücke schneiden. Beides zusammen im heißen Olivenöl anschwitzen, mit Brühe, Tomatensaft und Honig auffüllen und 20 Minuten köcheln lassen, mithilfe eines Stabmixers ganz fein pürieren, mit Salz und Pfeffer abschmecken und eventuell mit etwas Speisestärke andicken.

ZUTATEN

FÜR DEN GELBE PAPRIKA-SUGO
1 gelbe Paprikaschote
1 kleines Stück Ingwer
etwas Olivenöl
100 ml Gemüsebrühe
Saft von 1 Orange
50 ml weißer Balsamicoessig
1 TL Honig
Salz & Pfeffer
etwas Speisestärke

FÜR DAS GEBACKENE SAUERKRAUT
200 g Sauerkraut
1 l Butterschmalz

FÜR DEN SAUERKRAUTSTRUDEL
1 Zwiebel
2 Zweige Thymian
etwas Öl
200 g Sauerkraut
1 EL Crème fraîche
1 Msp. geräuchertes Paprikapulver
etwas Honig
Salz & Pfeffer
1 Scheibe Weißbrot,
fein gerieben oder geschnitten
4 Blätter Strudelteig
1 Eigelb
etwas Butter

AUSSERDEM
Fritteuse

ZUBEREITUNG

FÜR DEN GELBEN PAPRIKA-SUGO
Die Paprika waschen, halbieren von Häutchen und Kernen befreien und in grobe Stücke schneiden. Den Ingwer schälen und in kleine Stücke schneiden. Beides zusammen im heißen Olivenöl anschwitzen, mit Brühe, Orangensaft, Balsamicoessig und Honig auffüllen und 20 Minuten köcheln lassen, mithilfe eines Stabmixers ganz fein pürieren, mit Salz und Pfeffer abschmecken und eventuell mit etwas Speisestärke andicken.

FÜR DAS GEBACKENE SAUERKRAUT
Das Sauerkraut gut ausdrücken und vorsichtig in einer Fritteuse oder einem Topf mit Butterschmalz kross ausbacken und dann auf Küchenpapier geben, damit das Fett sich etwas absetzen kann.

FÜR DEN SAUERKRAUTSTRUDEL
Die Zwiebel schälen und fein würfeln, die Thymianblättchen abzupfen und fein schneiden. Beides in einer heißen Pfanne in etwas Öl anschwitzen und das Sauerkraut dazugeben, das Kraut kurz mit anschwitzen. Die Pfanne vom Herd nehmen, zu dem Sauerkraut jetzt die Crème fraîche geben, das geräucherte Paprikapulver hineinstreuen und das Ganze mit Honig, Salz und Pfeffer abschmecken. Das geriebene Weißbrot mit Fingerspitzengefühl unter das Sauerkraut rühren. Den Strudelteig ausbreiten, die Ränder mit dem Eigelb bestreichen, in der Mitte das Sauerkraut platzieren und das Ganze wie eine Frühlingsrolle aufrollen. Die Rollen auf ein Blech mit Backpapier setzen, mit etwas flüssiger Butter bestreichen und bei 180 °C Ober-/Unterhitze 10–15 Minuten im Ofen knusprig backen.

GASTKOCH

SONNTAG FEAT. STEFAN MARQUARD

„

STEFAN HABE ICH IN ZEITEN, IN DENEN INTERNET NOCH NICHT ANGESAGT WAR, AUS JEDEM MAGAZIN, IN DEM ICH ETWAS ÜBER IHN FINDEN KONNTE, AUSGESCHNITTEN UND GESAMMELT. DIESE UNANGEPASSTE, PROVOKANTE UND GLEICHZEITIG UNFASSBAR FUNDIERTE UND GUT GEKOCHTE ART UND WEISE WAR GENAU DAS, WAS ICH AUCH MACHEN WOLLTE. VOR 13 JAHREN STAND ER DANN PLÖTZLICH VOR MIR UND WIR MUSSTEN DREI TAGE ZUSAMMEN FÜR EIN EVENT KOCHEN. SEITDEM IST DURCH UNZÄHLIGE VERANSTALTUNGEN, DURCH GASTKOCHEINHEITEN, GEMEINSAME FREUNDE UND VIELLEICHT AUCH DURCH EIN ODER ZWEI FEIERABENDBIER EINE FREUNDSCHAFT ENTSTANDEN, IN DER ICH MICH IMMER WIEDER VON SEINER ERFAHRUNG, HERANGEHENSWEISE UND SEINEM ENTHUSIASMUS BEGEISTERN LASSE.

“

STEFANS REZEPT

RINDERWADE MEERRETTICH SPINAT

„Ochs zum Heulen" mit Suppengemüse und Rahmspinat

ZUTATEN

FÜR RIND UND SUPPENGEMÜSE
1 kg Rinderwade (ohne Knochen)
Salz, Zucker
200 g Knollensellerie
1 große Gemüsezwiebel
4 Möhren
1 Pastinake
1 Stange Lauch
8 Wacholderbeeren
2 Pimentkörner
1 TL schwarze Pfefferkörner
1 EL Senfkörner
2 Lorbeerblätter
100 g Parmesan
5 EL Olivenöl
6 Zweige Liebstöckel
Saft und Abrieb von 1 Zitrone

FÜR DIE SOSSE
Fond der gegarten Wade
1 Bund Schnittlauch
200 g kalte Butter

FÜR DEN RAHMSPINAT
400 g junger Blattspinat
2 Schalotten
1 Knoblauchzehe
40 g Butter
Salz & Pfeffer
250 g Schmand
Muskat

AUSSERDEM
200 g frischer Meerrettich
1 Teebeutel zum Befüllen

ZUBEREITUNG

FÜR RIND UND SUPPENGEMÜSE

Die Rinderwade eventuell noch von Sehnen befreien und kräftig salzen, leicht zuckern und 30 Minuten stehen lassen. Knollensellerie, Zwiebel, Möhren und Pastinake schälen und grob würfeln, Lauch putzen, waschen und grob schneiden. Das gesamte Gemüse dann ebenfalls gut salzen und leicht zuckern und ebenso 30 Minuten stehen lassen.
Das gesamte Gemüse in einen Bräter geben, die Wacholderbeeren, die Pimentkörner, den schwarzen Pfeffer, die Senfkörner und die Lorbeerblätter in den Teebeutel geben und dazulegen, die Wade daraufsetzen und alles mit 1 l Wasser bedecken und bei 80 °C am besten über Nacht, aber mindestens 10 Stunden, im Ofen bei Ober-/Unterhitze langsam garen.
Die Wade herausnehmen und warm stellen, den Gewürzbeutel entfernen. Das Gemüse aus dem Bräter nehmen, mit Parmesan, Olivenöl, feingeschnittenem Liebstöckel und Saft und Abrieb von der Zitrone zerdrücken und eventuell mit Salz und Pfeffer nachschmecken. Den Fond für die Soße aufbewahren.

FÜR DIE SOSSE

Den Wadenfond um die Hälfte in einem Topf einkochen und kurz vor dem Servieren mithilfe eines Stabmixers den Schnittlauch und die kalte Butter fein untermixen.

FÜR DEN RAHMSPINAT

Den Spinat gut waschen und trocken tupfen. Die Schalotten schälen und fein schneiden, den Knoblauch schälen und sehr fein schneiden.
Schalotten und Knoblauch in der Butter anschwitzen, salzen und pfeffern, den Spinat dazugeben und kurz mit anschwitzen. Den Schmand und etwas Muskat unterrühren und alles zusammen in den Standmixer geben und mixen. Eventuell noch mal abschmecken.
Die Rinderwade aufschneiden, mit Soße übergießen und viel frischen Meerrettich darübergeben, das Gemüse mithilfe eines Löffels zu Nocken abstechen und alles zusammen mit dem Rahmspinat servieren.

GASTKOCH

SONNTAG FEAT. SEBASTIAN BRAND

»

BASTI HAT DIE LIEBE ZUM KOCHEN, GENAU WIE ICH, SCHON VON UNSERER MUTTER BZW. DER ART, WIE BEI UNS ZU HAUSE MITTAGESSEN ODER GEMEINSAMES ESSEN ZELEBRIERT WURDE, MIT AUF DEN WEG BEKOMMEN. OBWOHL ICH DAMALS SCHON IN DEM LADEN ALS KOCH GEARBEITET HABE, IN DEM ER AUCH ANFANGEN WOLLTE, MUSSTE ER SICH SEINEN AUSBILDUNGSPLATZ ÜBER EIN PRAKTIKUM UND EINEN FRISEURBESUCH ERKÄMPFEN UND HAT ES DANN AUCH GROSSARTIG DURCHGEZOGEN. WAHRSCHEINLICH IST ES MIT DEM GROSSEN BRUDER AUF DER KARRIERELEITER DANN NICHT IMMER SO LEICHT, ABER TROTZDEM ODER GERADE DESWEGEN HAT ER SICH DIE LETZTEN SIEBEN JAHRE ALS MEIN KÜCHENCHEF ZU EINEM FABELHAFTEN KOCH MIT SEINEM EIGENEN STYLE ENTWICKELT.

«

DER ÖSTERREICHISCHSTE PIEFKE DER WELT

CHRISTOPH HAMMEL KANN MAN NICHT ERKLÄREN. MAN MUSS IHN ERLEBEN. WIE SEINE WEINE. ZU RECHT IST ER AKTUELL EINER DER MEISTGEHYPTEN WINZER DEUTSCHLANDS. EIN GANZ SCHRÄGER TYP, ABER GERADE DESHALB UNGLAUBLICH SYMPATHISCH.

Was sollte man einen Winzer zum Einstieg sonst fragen als, wie er denn mit dem aktuellen Jahrgang 2016 zufrieden ist?

Ich bin superzufrieden mit der Qualität dieses Jahres. Wobei ich schon zugeben muss, dass ich noch bis Juni gedacht habe, dass das eine totale Katastrophe wird. Das ganze Frühjahr verregnet, später Austrieb, letztklassige Blüte, einzig der Frost ist Gott sei Dank an mir vorübergegangen. Dann kam aber der August. Der war Spitze. Der August und der September haben uns dann letztendlich den Arsch gerettet. Nicht in der Menge, aber wegen der Qualität.

Wie würdest du den Stil, den du betreibst, beschreiben?

Ganz klar ein Neue-Welt-Stil. Ich habe ja lange Zeit in Südafrika gearbeitet, aber auch in Neuseeland. Dazu muss ich sagen, dass ich ein großer Fan des alten Stils der Steiermark bin. Fruchtige, saubere und saftbetonte Weine: Das ist genau mein Ding. Ich habe auch gar nichts mit Vin naturelle, Orangenweinen oder so etwas am Hut. Dafür bin ich einfach nicht der Typ. Ich will diese charmante saftige, aromatische Frucht schmecken. Genau das ist meine Welt.

Wie baut ihr den Wein eigentlich aus?

Mein Credo ist: Unsere Weine müssen neben deftigem Essen bestehen können, das ist mir wichtig. Die Säure ist oft verhalten und sehr gut eingebunden. Ausgebaut wird sowohl in Stahltanks als auch in Holzfässern. Teilweise sind die aus einheimischem Holz gefertigten Fässer über 100 Jahre alt und fassen bis zu 9000 Liter. Für neue Fässer wird Johanniskreuz-Eiche verwendet. Unter Regie der Firma Wilhelm Eder werden die Fässer in Bad Dürkheim, zum Teil auch im Bordeaux bei Quintessence, hergestellt.

Und du lässt dir für deine Weine immer ganz spezielle Namen einfallen?

Richtig. So bezeichnen wir als „HammelPunk" einen Rosé, den ich zusammen mit Marco Giovanni Zanetti – auch Marco Winepunk Zanetti – kreiert habe. The Winepunk ist ehemaliger Sommelier und ein guter Freund des Hauses. Ebenfalls ein Rosé, quasi die kleine Schwester des „HammelPunk", ist „Sophie Helene". Dieser Wein ist meiner Tochter gewidmet, die diesen schönen Namen trägt.

„MEIN CR

UNSERE

NEBEN

BESTEH

DAS IST

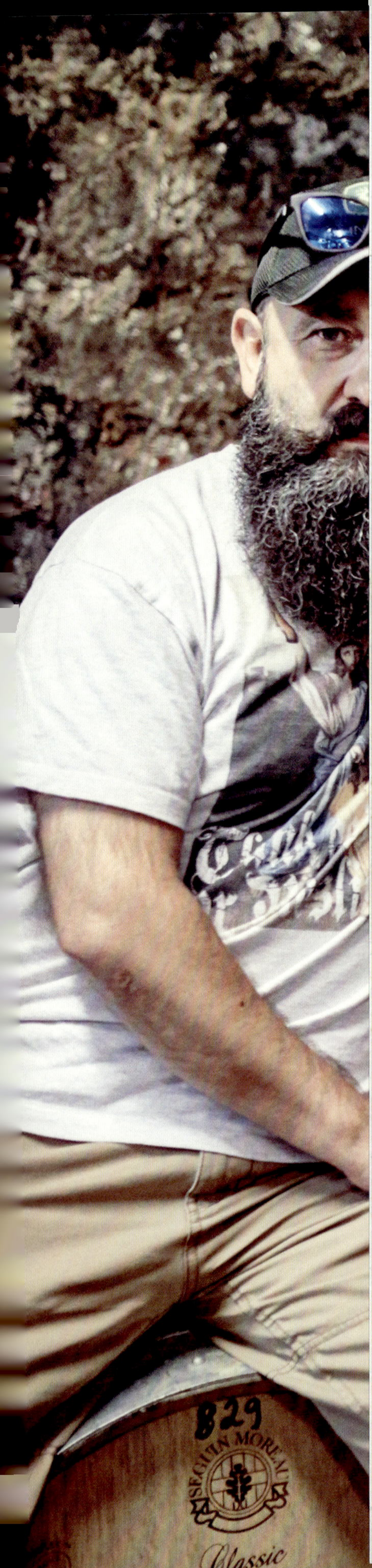
B29
SEGUIN MOREAU
Classic

IM WINTER

21. / 22 DEZEMBER BIS 19. / 20. MÄRZ

↓
↓
↓

WARME WOHLFÜHLKÜCHE

WÄHREND DRAUSSEN EISIGE TEMPERATUREN VORHERRSCHEN, DAMPFEN IN DER KÜCHE DEFTIGE WINTERGERICHTE AUF DEM HERD ODER GAREN IM WARMEN OFEN.

Obwohl im Garten alles mit einer Eis- und Schneeschicht überzogen ist, wird es dennoch beim Kochen nicht langweilig. Ein nährendes Stück Fleisch schmort zusammen mit feinem Wintergemüse im selben Topf, eine heiße Suppe wärmt wohlig von innen heraus oder ein Gratin erfreut die unterkühlten Gemüter rund um den Tisch. Mit ein paar angezündeten Kerzen und gedämmten Licht wird es dann auch gleich doppelt gemütlich. Spätestens wenn sich die Temperaturen um die null Grad einpendeln, muss man sich damit abfinden, dass es Winter wird. Aber kein Grund, dem Winter-Blues zu verfallen. Zugegeben, Spaziergänge im Frühling sind schön. Aber im Winter, insbesondere wenn alles von einer unberührten weißen Neuschneedecke bedeckt ist, bekommt der Spaziergang noch ein ganz anderes Flair und die Umgebung sieht ganz anders aus als sonst. Beim ersten Schneefall mutieren die meisten ja auch gleich zum Kind. Er fasziniert uns und sieht wunderschön aus. Einige kommen durch den ersten Schneefall erst richtig in Weihnachtsstimmung.

Und Winterzeit ist Punschzeit – und mal ehrlich, so ein gepflegtes Heißgetränk ist eine der schönsten Seiten an der kalten Jahreszeit! Wenn die Tage kälter werden, steigt bei uns auch die Lust auf warme, deftige Speisen. Wer trotz der niedrigen Temperaturen nicht auf frisches, regionales Gemüse verzichten will, der sollte die heimische Vielfalt der verschiedensten Wintergemüse zu nutzen. Diese sind allesamt regional, reich an Vitaminen und lassen uns gesund durch die kalte Jahreszeit kommen. Rosenkohl, Wirsing, Möhren, Rote Bete, Steckrüben und vieles mehr sind die vitalstoffreichen Zutaten für spannende Rezepte der Saison. Daraus lassen sich deftige Eintöpfe, leckere Aufläufe, cremige Suppen und köstliche Pfannengerichte mit Wintergemüse zaubern. Doch egal, ob Rotkraut, Karfiol, Pastinaken oder Kohl: Wintergemüse ist nicht nur vielseitig im Geschmack, sondern auch in seiner Wirkung auf unsere Gesundheit. Es stärkt die Abwehrkräfte, hat einen günstigen Einfluss auf Cholesterin und Blutdruck und kann beim Abspecken unterstützen. Weil die verschiedenen Gemüsesorten in der kalten Jahreszeit heranwachsen, entwickeln sie besonders viele Schutzstoffe. Kraut, Kohl, Rüben & Co. sind vitamin- und mineralstoffreich und punkten außerdem mit einem hohen Gehalt an sekundären Pflanzenstoffen – das kommt auch unserer Gesundheit zugute. Schließlich sind in der kalten Jahreszeit nicht nur die Früchte des Feldes besonders gefordert, sondern auch der menschliche Organismus. Das Geheimrezept gegen Winterkälte? Ein raffinierter Mix aus farbenfrohen Zutaten und ganz viel Aroma!

PULLED GOOSE PREISELBEERE MILCHBRÖTCHEN

Gezupfte Gans, Preiselbeer-Mayo, Milchbrötchencroûtons, Feldsalat und Crunch

ZUTATEN

FÜR DIE GANS

800 g Gänsebratenfleisch vom Vortag (oder siehe Seite 149)

30 g Gänseschmalz

1 rote Zwiebel

2 Zweige Rosmarin

2 EL Honig

Salz & Pfeffer aus der Mühle

FÜR DIE PREISELBEER-MAYO

200 g Mayonnaise

100 g Preiselbeermarmelade

Saft von ½ Limette

2 EL süßer Senf

Salz & Pfeffer aus der Mühle

FÜR DEN CRUNCH

100 g Walnusskerne

100 g Zucker (nach Bedarf evtl. auch mehr)

AUSSERDEM

4 Handvoll Feldsalat

4 süße Brötchen

50 g Butter

ZUBEREITUNG

FÜR DIE GANS

Das Gänsefleisch grob zerkleinern und in einer Pfanne mit zerlassenem Gänseschmalz knusprig anrösten. Die Zwiebel schälen und in Ringe schneiden. Den Rosmarin zugeben, kurz mitrösten und mit Honig, Salz und Pfeffer würzen.

FÜR DIE PREISELBEER-MAYO

Mayonnaise, Preiselbeermarmelade, Limettensaft und süßen Senf verrühren, mit Salz und Pfeffer aus der Mühle abschmecken.

FÜR DEN CRUNCH

Die Nüsse grob hacken und in einer Pfanne unter ständigem Rühren rösten. Nach und nach den Zucker zugeben. Der Zucker soll langsam schmelzen und die Nusskrümel umschließen. Sind die Nüsse goldbraun und mit Zucker wie gebrannte Mandeln umhüllt, diese auf ein Backpapier schütten und mit dem Holzlöffel ausbreiten. VORSICHT! Die Masse ist sehr heiß!

Den Feldsalat gründlich putzen, waschen und vorsichtig trocken schleudern oder tupfen. Die Brötchen halbieren und in einer Pfanne mit der zerlassenen Butter von der Schnittseite leicht anrösten, die gezupfte Gans daraufpacken, den Crunch und den Salat darauf verteilen und mit der Mayo beträufeln.

FELDSALAT
KARTOFFEL MAL 2
TOFUKROKANT

Kartoffelpüree, Kartoffeldressing, Feldsalat mit Schnickschnack und Tofukrokant

ZUTATEN

FÜR DAS KARTOFFELPÜREE
600 g mehligkochende Kartoffeln
Salz
100 g Butter
etwa 200 ml Milch
Muskat

FÜR DAS KARTOFFELDRESSING
1 kleine Zwiebel
1 große Kartoffel
30 ml Öl
200 ml Brühe
2 EL Kartoffelpüree
75 ml Kräuteressig
1 TL Senf
200 ml Rapsöl
50 g Zucker
10 g Salz
Pfeffer aus der Mühle
2 EL Schnittlauchröllchen

FÜR DEN FELDSALAT MIT SCHNICKSCHNACK
100 g Feldsalat
8 kleine rote Zwiebeln oder Schalotten
200 g grobes Meersalz

FÜR DEN TOFUKROKANT
200 g Tofu
Nussöl
100 g Zucker
1 EL rosa Pfefferbeeren

ZUBEREITUNG

FÜR DAS KARTOFFELPÜREE

Die Kartoffeln waschen, schälen und in grobe Stücke schneiden. Dann daumenbreit bedeckt mit Wasser zum Kochen aufsetzen. Das Wasser salzen. Nach etwa 15–20 Minuten sind die Kartoffeln gar. Nun auf ein Sieb abschütten. In demselben Topf die Butter mit Milch erhitzen, Kartoffeln wieder dazugeben und mit einem Stampfer oder Rührgerät durcharbeiten, bis der Stampf die gewünschte Konsistenz hat, mit Salz und Muskat abschmecken.

FÜR DAS KARTOFFELDRESSING

Zwiebel und Kartoffel schälen, in kleine Würfel schneiden und in einer Pfanne mit dem Öl anschwitzen, mit der Brühe ablöschen und vom Herd nehmen. 2 Esslöffel vom Kartoffelpüree, Kräuteressig und Senf unterrühren. Das Rapsöl untermixen, mit Zucker, Salz und Pfeffer aus der Mühle und Schnittlauchröllchen verfeinern.

FÜR DEN FELDSALAT MIT SCHNICKSCHNACK

Den Feldsalat putzen, gut waschen und trocken schleudern oder vorsichtig trocken tupfen. Die Zwiebeln oder Schalotten mit Schale auf grobes Meersalz in eine feuerfeste Form setzen und im Ofen bei 170 °C etwa 30 Minuten garen. Kurz vor dem Servieren kann man die Zwiebeln dann super aus der Schale drücken.

FÜR DEN TOFUKROKANT

Den Tofu in kleine Würfel schneiden und in einer Pfanne mit Nussöl und Zucker karamellisieren. Ein paar rosa Pfefferbeeren zerstoßen und dazugeben.

ZUM SERVIEREN

Das Püree auf einen Teller klecksen. Die aus der Schale gedrückten Zwiebeln daraufsetzen, den Salat mit Dressing marinieren und um das Püree setzen, zum Schluss den Krokant darüberstreuen.

KNÖDEL
SAURES KRAUT
KASSELER

Kasseler Nacken, dicke Jus, saures Kraut in Rot und klassische Kartoffelknödel

ZUTATEN

FÜR DEN KASSELER NACKEN UND DIE DICKE JUS

100 g Knollensellerie
100 g Möhren
1 dicke Gemüsezwiebel
50 ml Öl
2 EL Tomatenmark
1 Flasche Malzbier
500 ml Brühe
3 Lorbeerblätter
10 Wacholderbeeren
1 Stück Kasseler Nacken (ca. 1 ½ kg)
Pfeffer aus der Mühle
etwas Maisstärke

FÜR DAS SAURE KRAUT IN ROT

1 kleiner Kopf Rotkohl (ca. 1 kg)
1–2 Zwiebeln
2 Boskoop-Äpfel
100 ml Himbeeressig
300 ml Rotwein
1 EL Wacholderbeeren
4 Nelken
2 Lorbeerblätter
Salz
Zucker
50 g Schweineschmalz
etwas Speisestärke

FÜR DIE KARTOFFELKNÖDEL

1 kg mehligkochende Kartoffeln
Salz & weißer Pfeffer aus der Mühle
Muskat
ca. 3 EL Kartoffelmehl
1 Ei
1 Eigelb

ZUBEREITUNG

FÜR DEN KASSELER NACKEN UND DIE DICKE JUS

Sellerie, Möhren und Gemüsezwiebel waschen, schälen und in nussgroße Würfel schneiden. In einem Bratentopf mit Öl anrösten.
Das Tomatenmark mitrösten und mit dem Malzbier ablöschen. Brühe, Lorbeer und Wacholder dazugeben.
Den Kassler Nacken gut mit Pfeffer würzen und in den Sud legen. Nun den Bräter mit geschlossenem Deckel bei 180 °C Ober-/Unterhitze in die Röhre schieben. Den Braten etwa 1½–2 Stunden garen. Nun das Fleisch aus dem Fond nehmen, diesen durch ein Sieb in einen Topf passieren und ihn mit etwas angerührter Maisstärke binden. Den Braten zum Servieren in Würfel schneiden.

FÜR DAS SAURE KRAUT IN ROT

Den Rotkohl von den äußeren Blättern befreien, vierteln, den Strunk entfernen und in feine Streifen schneiden. Zwiebeln und Äpfel schälen und ebenfalls in feine Streifen bzw. Scheiben schneiden. In einen Topf geben.
Himbeeressig, Rotwein, Wachholderbeeren, Nelken und Lorbeerblätter dazugeben. Alles gut vermengen, mit Salz und Zucker würzen und über Nacht durchziehen lassen.
Am nächsten Tag über einem Sieb mit Schüssel den Rotkohl gut abtropfen lassen, den Fond zum späteren Kochen aufbewahren. Das Schweineschmalz im Topf zergehen lassen und den Rotkohl darin anschwitzen. Mit dem Fond auffüllen und weich kochen. Nach Geschmack noch einmal nachwürzen, eventuell mit Speisestärke etwas binden.

FÜR DIE KARTOFFELKNÖDEL

Die Kartoffeln zum Kochen aufsetzen. Die gar gekochten Kartoffeln abschütten und gut ausdampfen lassen. Die Schalen abziehen und die noch lauwarmen Kartoffeln grob reiben oder durch eine Presse drücken. Mit Salz, Pfeffer und Muskat würzen. Das Kartoffelmehl darüberstreuen und sehr vorsichtig mit der Hand einarbeiten. Dabei keinesfalls kneten, sonst wird die Masse klebrig. Ei und Eigelb zufügen und ebenfalls locker von Hand daruntermischen. Reichlich Salzwasser in einem breiten Topf aufkochen. Die Kartoffelmasse zu kleinen Knödeln formen. Dann in das kochende Salzwasser legen, einmal aufkochen und bei sehr sanfter Hitze etwa 15–20 Minuten leise sieden lassen. Steigen die Knödel an die Wasseroberfläche, sind sie gar. Die Knödel mit einem Schaumlöffel aus dem Wasser heben und gut abtropfen lassen.

Den gewürfelten Nacken, das saure Kraut und die Knödel anrichten und die Jus darübergeben.

SCHWARZWURZEL
HUHN
PAPPARDELLE

Schwarzwurzel in Rahm, Hähnchen in knusprig und Pappardelle in sehr Grün

ZUTATEN

FÜR DAS HÄHNCHEN

2 Brathähnchen
Olivenöl
Salz, Pfeffer, Paprikapulver
2 große Zwiebeln
1 Zitrone
5–6 Knoblauchzehen
4 Zweige Rosmarin
100 g Butter
400 ml Weißwein

FÜR DIE PAPPARDELLE IN SEHR GRÜN

50 g Weichweizengrieß
100 g Hartweizengrieß für Pasta (Semola di grano duro)
ca. 200 g Mehl, Type 00
2 EL Spinatfarbenpulver
½ TL Salz
3 Eigelb
1 Vollei
30 ml Öl
35 ml Milch

FÜR DIE SCHWARZWURZELN IN RAHM

600 g Schwarzwurzeln
250 ml Milch
Saft von ½ Zitrone
3 Schalotten
50 g Butter
Salz & weißer Pfeffer
Muskat
100 ml Noilly Prat (Wermut)
300 ml Sahne
etwas Speisestärke

ZUBEREITUNG

FÜR DAS HÄHNCHEN

Das Brathähnchen waschen, mit einer Geflügelschere halbieren und gut abtrocknen. Mit Olivenöl einreiben und mit Salz, Pfeffer und Paprikapulver würzen. Die Zwiebeln schälen und in Würfel schneiden, die Zitrone ebenfalls in Würfel schneiden und den Knoblauch grob hacken. Alle Zutaten samt Rosmarin auf ein gebuttertes Backblech mit hohem Rand geben, die Hähnchenhälften daraufsetzen und mit Weißwein angießen.
Im Ofen bei 170 °C Ober-/Unterhitze je nach Größe der Hähnchen etwa 40 Minuten goldbraun und knusprig backen.

FÜR DIE PAPPARDELLE IN SEHR GRÜN

Weichweizengrieß, Hartweizengrieß, Mehl, Spinatfarbe und Salz vermischen. Eigelb, Vollei, Öl und Milch mixen und mit den restlichen Zutaten zu einem festen Teig verkneten. Der Teig sollte eine glatte Konsistenz bekommen. Zum weiteren Verarbeiten mindestens 1 Stunde im Kühlschrank ruhen lassen. Der Teig kann mit einer Nudelmaschine oder mit einem Wellholz ausgerollt und dann in Streifen geschnitten werden.
Diese Streifen in siedendem Salzwasser 1–2 Minuten bissfest kochen. Vor dem Servieren in Butter schwenken.

FÜR DIE SCHWARZWURZELN IN RAHM

Die Schwarzwurzeln unter fließendem Wasser gut vom Schmutz befreien. Die Milch mit 500 ml Wasser und Zitronensaft in ein Gefäß füllen. Die Schwarzwurzeln schälen, in Stücke oder Stifte schneiden und in der Flüssigkeit bis zur Weiterverarbeitung aufbewahren. (Schwarzwurzeln werden so vor schneller Oxidation bewahrt.) Die Schwarzwurzeln aus dem Fond nehmen. Die Schalotten schälen und fein würfeln und mit den Wurzeln in Butter anschwitzen, mit Salz, weißem Pfeffer und Muskat würzen. Mit Noilly Prat und Sahne ablöschen und gar kochen. Den Fond eventuell mit etwas angerührter Speisestärke binden.

ROTE BETE WALNUSS FORELLE

Rote Bete aus der Röhre, Forelle meets Müllerin, Walnussbutter, Grünzeug

ZUTATEN

FÜR DIE FORELLE

8 Forellenfilets
Salz & Pfeffer
100 g griffiges Mehl (z. B. Spätzlemehl)
Öl
1 Zitrone

FÜR DIE ROTE BETE

Meersalz
8 kleine Rote Beten
50 g Butter
Salz
etwas Zucker
½ TL Kümmel

FÜR DIE WALNUSSBUTTER

100 g geschälte Walnusskerne
100 g Butter
etwas Zucker
Salz
bunter Pfeffer aus der Mühle

FÜR DAS GRÜNZEUG

4 Handvoll Salat nach Geschmack
6 Stiele Dill
4 Stiele glatte Petersilie
50 ml Reisessig
1 EL Senf
1 EL Puderzucker
80 ml Sonnenblumenöl
100 ml steirisches Kürbiskernöl
4 Schalotten
Salz & Pfeffer aus der Mühle

ZUBEREITUNG

FÜR DIE FORELLE

Die Forellenfilets mit einem Küchenpapier trocken tupfen und mit Salz und Pfeffer würzen. Das Mehl auf einen Teller streuen und den Fisch mit der Hautseite hineinlegen. In einer Pfanne das Öl erhitzen und den Fisch mit der Hautseite zuerst goldgelb braten. Die Zitrone in Scheiben schneiden. Den Fisch wenden, die Zitrone mit in die Pfanne legen, den Fisch von der Hitze nehmen, und in der Pfanne gar ziehen lassen.

FÜR DIE ROTE BETE

Den Boden einer feuerfesten Form mit Meersalz bestreuen und die Roten Beten daraufsetzen. Im Ofen bei 160 °C Ober-/Unterhitze garen. Die Garzeit ist abhängig vom Durchmesser der Beten. Sie brauchen jedoch mindestens 40–50 Minuten. Um zu sehen, ob sie weich sind, kann man sie mit einer Rouladennadel einstechen. Sind die Beten gar, können diese nach kurzem Abkühlen geschält und in Stücke geschnitten werden. Dann in Butter in einer Pfanne anschwenken und mit Salz, Zucker und Kümmel würzen.

FÜR DIE WALNUSSBUTTER

Die Walnüsse grob hacken. Die Butter in einer Pfanne schmelzen lassen und die Walnüsse mit dem Zucker darin karamellisieren und mit etwas Salz und Pfeffer abschmecken.

FÜR DAS GRÜNZEUG

Den Salat putzen, gut waschen und trocken schleudern oder vorsichtig trocken tupfen. Dill und Petersilie zupfen und mit dem Salat mischen. Für die Vinaigrette Essig, Senf und Puderzucker gut verrühren. Nun die beiden Öle vermischen und unter ständigem Rühren in die Masse hineinschütten. Die Schalotten schälen und sehr fein würfeln, unterrühren und mit Salz und Pfeffer aus der Mühle abschmecken.

UDONNUDELN KARAMELLGEMÜSE CROSTINI

Tafelspitzfond mit Udonnudeln, Ei, Gemüse und Crostini

ZUTATEN

FÜR DIE NUDELN

2 l Fond vom Tafelspitz (siehe Sonntag; vorgekocht oder eingeweckt)

1 Pck. Udonnudeln

etwas geröstetes Sesamöl

FÜR DAS KARAMELLGEMÜSE

1 Stange Lauch

2–3 Möhren

1–2 rote Zwiebeln

100 g Zuckerschoten

Öl

brauner Zucker

Salz & Pfeffer aus der Mühle

AUSSERDEM

1 Stange Weißbrot (am besten vom Vortag)

4 Knoblauchzehen

Pflanzenöl

Salz

4 Eigelb

ZUBEREITUNG

FÜR DIE NUDELN

Den Fond vom Tafelspitz zum Kochen bringen. Die Udonnudeln zugeben und nach Anleitung kurz aufkochen. Mit geröstetem Sesamöl verfeinern.

FÜR DAS KARAMELLGEMÜSE

Die Stange Lauch waschen und in Streifen schneiden. Möhren und Zwiebeln schälen und ebenfalls in Streifen schneiden. Die Möhren können hierfür auf einer Aufschnittmaschine oder einer Mandoline vorher in Scheiben geschnitten werden.
Die Zuckerschoten je nach Größe eventuell halbieren. Das Öl in einer Pfanne gut erhitzen und das Gemüse darin anschwenken. Mit braunem Zucker bestreuen und karamellisieren. Mit Salz und Pfeffer aus der Mühle würzen. Soll das Gemüse etwas weicher sein, mit 1 Schluck vom Tafelspitzfond ablöschen und kurz aufwallen lassen.

Die Stange Weißbrot in dünne Scheiben schneiden. Die Knoblauchzehen schälen, halbieren und beides zusammen mit Pflanzenöl in einer Pfanne goldgelb anrösten, eventuell mit Salz abschmecken. Die Nudelsuppe mit dem Gemüse in einer Suppenschale anrichten. Die Eier trennen und das rohe Eigelb vor dem Servieren auf die heiße Suppe legen.

Alles gut miteinander verrühren und sofort essen.

TIPP
Udonnudeln kann man in jedem guten Asia-Shop kaufen!

TAFELSPITZ
MISO
ROTKOHL

Gekochter Tafelspitz mit Misoschmand, Rotkohlsalat in Asiatisch und grünem Bauernfrühstück

ZUTATEN

FÜR DEN TAFELSPITZ

1½ kg Rindertafelspitz
Salz
2 Gemüsezwiebeln
4 Lorbeerblätter, 8 Nelken
je 1 EL Pfefferkörner, Wacholderbeeren und Senfkörner
2 Möhren
½ Sellerieknolle

FÜR DEN MISOSCHMAND

200 g Schmand
4 EL Misopaste
Salz & Pfeffer aus der Mühle

FÜR DEN ROTKOHLSALAT

½ Kopf Rotkohl
100 ml Teriyaki-Soße
3 EL Sesamöl
1 EL süße Chilisoße
40 ml Reisessig
3 EL gerösteter Sesam, 4 EL Honig

FÜR DAS BAUERNFRÜHSTÜCK

1 Muffinform
50 g Butter
300 g Blattspinat
120 ml Milch
6 Eier
Salz, Muskat, Pfeffer aus der Mühle
1 Zwiebel
6 gekochte Kartoffeln

ZUBEREITUNG

FÜR DEN TAFELSPITZ

Den Rindertafelspitz von Sehnen und überschüssigem Fett befreien. Dann in einen Topf legen und mit warmem Salzwasser etwa 2 Daumen breit bedecken. Die ungeschälten Zwiebeln mit Lorbeerblättern und Nelken spicken. Tafelspitz und Zwiebeln mit Salzwasser bedeckt aufkochen. Mit einer Suppen- oder Schaumkelle den Schaum abschöpfen. Pfefferkörner, Wacholderbeeren und Senfkörner zugeben und insgesamt 1½–2 Stunden bei schwacher Hitze köcheln lassen. Das Gemüse waschen oder schälen und putzen, klein schneiden und nach der Hälfte der Garzeit dazugeben. Das gegarte Fleisch im Fond etwas abkühlen lassen.

FÜR DEN MISOSCHMAND

Den Schmand mit der Misopaste verrühren, mit Salz und Pfeffer aus der Mühle abschmecken.

FÜR DEN ROTKOHLSALAT

Den Rotkohl von den äußeren Blättern befreien, halbieren, den Strunk entfernen und in feine Streifen schneiden, mit Teriyaki-Soße, Sesamöl, süßer Chilisoße und Reisessig marinieren und 5 Minuten gut durchkneten. Mit gerösteten Sesam und Honig abschmecken.

FÜR DAS BAUERNFRÜHSTÜCK

Die Mulden der Muffinform mit Butter ausstreichen. Blattspinat mit Milch in einem Mixer pürieren, dann die Eier zugeben und verrühren. Mit Salz, Muskat und Pfeffer aus der Mühle würzen. Den Backofen auf 180 °C Ober-/Unterhitze vorheizen.
Die Zwiebel schälen und in feine Würfel schneiden. Die Kartoffeln in 5 mm große Würfel schneiden und mit den Zwiebeln in einer Pfanne in Öl goldgelb anrösten. Nun in den Mulden der Muffinform verteilen und mit der grünen Eiermasse aufgießen. Im Ofen (je nach Größe der Muffinform) 10–15 Minuten backen, bis die Eiermasse gestockt ist.

FÜR DAS AUGE, WENN MAN MÖCHTE …

200 g Rosenkohlköpfchen in kochendem Salzwasser weich kochen. Abschütten und unter kaltem Wasser abschrecken. 50 g Butter in einer Pfanne schmelzen und den Rosenkohl darin erhitzen und durchschwenken, mit Salz, Muskat und Pfeffer aus der Mühle abschmecken und damit den Teller dekorieren.

SPECIAL

WEIHNACHTSGANS MARONEN ROTWEIN

Weihnachtsgans mit Maronen-Apfel-Füllung und Rotwein-Orangen-Soße

ZUTATEN

FÜR DIE FÜLLUNG

4 Äpfel
3–4 Möhren
½ Sellerieknolle
2 Zwiebeln
2 Stängel Beifuß
2 Stängel Majoran
1 EL Orangenabrieb
50 g Gänseschmalz
200 g Maronen

FÜR DIE GANS

1 Gans (4½ kg)
Salz & Pfeffer aus der Mühle
300 ml Rotwein
300 ml Orangensaft
300 ml Apfelsaft
1 EL Zucker
1 TL Lebkuchengewürz
etwas Speisestärke

ZUBEREITUNG

FÜR DIE FÜLLUNG

Äpfel, Möhren, Sellerie und Zwiebeln schälen und in kleine Würfel schneiden. Beifuß- und Majoranblättchen abzupfen, hacken und alles zusammen mit dem Orangenabrieb vermengen. Kurz in etwas Gänseschmalz anschwitzen, die Maronen dazugeben und die entstandene Füllung bereitstellen.

FÜR DIE GANS

Die Gans mit Salz und Pfeffer von innen und außen einreiben, die vorbereitete Füllung hineingeben, den Rest der Füllung in einen Bräter geben. Die Gans zunähen und auch in den Bräter legen. So viel Rotwein, Orangen- und Apfelsaft dazugießen, dass der Boden etwa 10 cm hoch bedeckt ist, und im Backofen bei 150 °C Ober-/Unterhitze mit geschlossenem Deckel so lange braten, bis die Gans langsam weich wird. Das dauert gute 3 Stunden. Nun den Deckel entfernen, die Temperatur auf 180 °C erhöhen und unter ständigem Übergießen etwa 1 Stunde goldbraun braten. Die Gans vor dem Tranchieren 10 Minuten ruhen lassen, die Füllung herausnehmen und eventuell für die Soße verwenden oder als Beilage servieren.
Den Fond durchseihen, den Zucker in einem Topf karamellsieren, das Lebkuchengewürz dazugeben und sofort mit dem Fond auffüllen, aufkochen lassen und die Soße eventuell mit etwas Salz abschmecken. Wenn die Soße noch zu dünn ist, mit etwas Speisestärke andicken.
Gans tranchieren und servieren!

GAST-
KÖCHIN

SONNTAG FEAT.
META HILTEBRAND

„

META HABE ICH MEIN ERSTES „KOCHEN UNPLUGGED"-BUCH IN DIE HAND GEDRÜCKT UND GESAGT „HEY, DER BIN ICH"! ÜBER MESSENGER UND SMS HABEN WIR KONTAKT GEHALTEN, WAS NATÜRLICH DER ENTFERNUNG KASSEL–ZÜRICH GESCHULDET WAR. ES SIND DANN EINE MENGE SYMPATHIEN UND RESPEKT HIN- UND HERGEFLOGEN UND DAZWISCHEN HABEN WIR UNS AUCH IMMER WIEDER MAL GETROFFEN. EIGENTLICH WAR MEIN FREUND LUCKI MAURER SCHULD, DASS WIR UNS KENNENGELERNT HABEN, ER HATTE MICH MAL AUF METAS INTERNETSEITE GESCHUBST, LANGE BEVOR SIE IN DEUTSCHLAND DURCHSTARTETE. META IST DEFINITIV EIN BISSCHEN MÄDCHEN, EIN BISSCHEN KÜCHENBULLE, EIN BISSCHEN DIVA UND ALL DAS MACHT SIE ZU EINER TOLLEN FRAU, EINER COOLEN KÖCHIN UND ZU EINER GUTEN FREUNDIN!

“

KONZERT
KONZERT
Jan Delay

METAS REZEPT

WOLFSBARSCH KÜRBIS STAMPF

Ganzer Wolfsbarsch im Ofen gebacken, mit Kürbis-Rösti, Betestampf und Krokant

TIPP
Ich persönlich finde es großartig, wenn man den Fisch gemeinsam am Tisch filetiert!

ZUTATEN

FÜR DEN WOLFSBARSCH

1 Zitrone

2 Zweige Rosmarin

4 Zweige Thymian

1 Knoblauchzehe

120 ml Olivenöl

1 kg Wolfsbarsch (mit Kopf, ausgenommen, geschuppt)

1 EL Salzflakes

FÜR DIE KÜRBIS-RÖSTI

1 kleiner Hokkaido-Kürbis

1 TL eingelegter Sushi-Ingwer

1 Ei

1 EL Speisestärke

Salz

etwas Honig

Butterschmalz

FÜR DEN BETESTAMPF

3 Rote Beten

4 große, mehligkochende Kartoffeln

Salz

50 g Butter

100 ml Sahne

30 ml Walnussöl

etwas Honig

FÜR DEN KÜRBISKROKANT

3 EL Puderzucker

3 EL Kürbiskerne

ZUBEREITUNG

FÜR DEN WOLFSBARSCH

Die Zitrone in Spalten schneiden, Rosmarin und Thymian samt Stängel grob durchhacken, die Knoblauchzehe schälen und grob schneiden, alles zusammen mit dem Olivenöl verrühren. Den Wolfsbarsch kräftig von innen und außen damit einreiben, dann mit den Salzflakes von innen und außen würzen, auf ein Blech geben und bei 200 °C Ober-/Unterhitze 25 Minuten in den Ofen schieben.

FÜR DIE KÜRBIS-RÖSTI

Den Kürbis waschen, vierteln und die Kerne herausnehmen, dann grob reiben. Den Ingwer, das Ei und die Speisestärke dazugeben und das Ganze gut verrühren. Mit Salz und etwas Honig abschmecken, eventuell muss man noch etwas Speisestärke dazugeben, wenn die Masse noch nicht kompakt genug ist. Kleine Rösti formen und in der heißen Pfanne in Butterschmalz goldbraun und knusprig braten.

FÜR DEN BETESTAMPF

Die Beten waschen, schälen und in Ecken schneiden, genauso wie die Kartoffeln, und beides mit etwas Salz und Wasser in einem Topf so lange kochen, bis sie weich sind. Die Beten und die Kartoffeln in ein Sieb geben und ausdampfen lassen. In demselben Topf die Butter, Sahne und Walnussöl erhitzen, Beten und Kartoffeln wieder dazugeben und mithilfe eines Stampfers stampfen. Es darf ruhig ein bisschen stückig sein. Mit Salz und etwas Honig abschmecken.

FÜR DEN KÜRBISKROKANT

1 Esslöffel Wasser mit dem Puderzucker verrühren und die Kürbiskerne darin wenden. Bei 180 °C Ober-/Unterhitze im Ofen auf einem Blech mit Backpapier knusprig backen, bis sie aufpuffen. Eventuell ab und zu wenden.

Die Rösti und den Stampf auf einer großen Platte anrichten, den Fisch in der Mitte platzieren und mit dem Krokant bestreuen.

GASTKOCH

SONNTAG FEAT. SASCHA STEMBERG

„

SASCHA HABE ICH VOR NOCH GAR NICHT SO LANGER ZEIT KENNENGELERNT, ABER WIR WUSSTEN SOFORT, DASS DAS PASST. EIN GUTER TYP, GROSSARTIGER KOCH UND SEELENVERWANDTER. JEMANDEN UNTER ALL DEN KÖCHEN ZU TREFFEN, DER OBENDREIN MEINEN MUSIKGESCHMACK TEILT, MACHT ES PERFEKT. WER EINMAL BEI IHM ESSEN WAR UND VON SEINER FAMILIE SOWOHL WÖRTLICH ALS AUCH KULINARISCH UMARMT WURDE, DER WILL DA IMMER WIEDER HIN. FAMILIEN-TRADITION, OHNE JEMALS IN DER VERGANGENHEIT HÄNGENGE-BLIEBEN ZU SEIN, UND DAS IN JEDEM ATEMZUG GELEBT – SASCHA UND DIE STEMBERGS!

“

SASCHAS REZEPT

OCHSENBACKE MÖHRE STAMPF

Geschmorte Ochsenbacke, wie ich sie mag!

ZUTATEN

FÜR DIE OCHSENBACKE

1 kg geputzte Ochsenbacken

Meersalz & geriebener schwarzer Pfeffer

Butterschmalz

5 Schalotten

80 g Knollensellerie

1 Möhre

100 g kleine braune Wiesenchampignons

1 Stange Lauch

1 EL Tomatenmark

1 Lorbeerblatt

1 TL Kümmel

1 TL weiße Pfefferkörner

5 Wacholderbeeren

2 EL brauner Zucker

600 ml Burgunder-Rotwein

800 ml Rinderfond

FÜR DIE MÖHREN

16 kleine Möhren (mit Grün)

1 Zwiebel

80 g Butter

1 TL Zucker

200–300 ml Mineralwasser mit Kohlensäure

Salz

FÜR DEN NUSSBUTTERSTAMPF

500 g mehligkochende Kartoffeln

Salz

150 ml Milch

Muskat

120 g Butter

ZUBEREITUNG

FÜR DIE OCHSENBACKE

Die Bäckchen parieren (Fett, Sehnen und Häutchen entfernen), halbieren und mit Salz und Pfeffer würzen. In einem heißen Topf in Butterschmalz die Bäckchen rundherum anbraten.
Herausnehmen und die klein geschnittenen Parüren (Fleischreste vom Parieren) unter ständigem Rühren kräftig anschmoren. Nun die geschälten und geschnittenen Schalotten dazugeben, nach kurzer Zeit den geschnittenen Sellerie und die Möhre ebenfalls dazugeben. Das Ganze weiter anschwitzen, bis es schön gebräunt ist. Nun die geviertelten Champignons und den geschnittenen weißen Teil des Lauchs kurz mit anschwitzen. Nach etwa 3 Minuten Tomatenmark und Gewürze mit in den Topf geben. Kräftig anschwitzen, mit dem braunen Zucker karamellisieren und mit dem Burgunder ablöschen. Den Wein bis auf einen kleinen Teil einkochen lassen. Nun die Backen und den Rinderfond dazugeben. Das Ganze mit einem Deckel verschließen und im vorgewärmten Backofen bei 100 °C Ober-/Unterhitze 3–4 Stunden garen. Dann die Bäckchen herausnehmen und die Soße durch ein feines Sieb passieren. Die Soße auf die gewünschte Konsistenz reduzieren, indem man sie köcheln lässt, und noch einmal abschmecken.

FÜR DIE MÖHREN

Die Möhren bis auf 1 cm vom Grün befreien, den Rest stehen lassen und schälen. Die Zwiebel schälen und in kleine Würfel schneiden. In einer Pfanne mit der Butter zusammen anschwitzen, Möhren und Zucker dazugeben und alles zusammen leicht karamellisieren und mit der Hälfte des Mineralwassers ablöschen. So lange bei kleinerer Hitze köcheln lassen, bis die Möhren noch ein wenig Biss haben und die Flüssigkeit komplett verkocht ist. Sollte das Wasser nicht reichen, immer wieder ein bisschen nachgießen, bis die Möhren die gewünschte Konsistenz haben. Mit Salz abschmecken.

FÜR DEN NUSSBUTTERSTAMPF

Die Kartoffeln schälen, waschen und mit genügend Wasser und 1 Teelöffel Salz weich kochen, das restliche Wasser abschütten und die Kartoffeln im Topf kurz ausdampfen lassen. In der Zwischenzeit die Milch mit etwas Muskatabrieb erhitzen und in einem anderen Topf die Butter so lange erhitzen, bis sich die Molke absetzt und anfängt braun zu werden. Das ist der Moment, in dem man die sogenannte Nussbutter durch ein feines Sieb gießen sollte. Die Kartoffeln zusammen mit der warmen Milch und der passierten Nussbutter gut stampfen und eventuell noch mal mit Salz und Muskat abschmecken.

Die Ochsenbacken aufgeschnitten mit den Möhren und dem Stampf in der warmen Soße servieren.

NOTORISCHER BASTARD

Mit seinem Unternehmen Pistole Hardcore-Food macht Torsten Pistol Randale für den Waller. Neben seiner Edelfischzucht betreibt er einen Feinkosthandel der besonderen Art.

Von null auf hundert: So muss man den kometenhaften Aufstieg von Torsten Pistol in den letzten Jahren wohl betiteln. Heute kennt in der gehobenen Gastronomie beinahe jeder den crazy Rockabilly-Typen mit seinen Fischen. Vor ein paar Jahren war das noch genau umgekehrt. Wahnsinns-Waller und echte Wertschätzung. Torsten Pistol alias Pistole macht nun mal keine Faxen, wenn es um gute Lebensmittel gehen soll. Mit seinem Rock-'n'-Roll-Feinkosthandel Pistole Hardcore-Food vertreibt der selbst ernannte Lebensmitteldealer und Wallerzüchter nur das, woran er auch selbst glaubt. Ohne Firlefanz, authentisch, echt, ehrlich – hardcore gut eben. Zuerst Krankenpfleger, dann Rettungssanitäter und jetzt Wallerzüchter und Chef bei Pistole Hardcore-Food. Die Arbeit hat sich geändert, doch er ist sich treu geblieben. Ehrlichkeit, Standfestigkeit und der Drang, gemeinsam mit anderen etwas aufzubauen, was Bestand hat. Dabei geht es dem smarten Ausnahmetypen nie um Massenware, sondern um den Geschmack echter Lebensmittel, die mit Liebe gefertigt wurden. Und der dickste Süßwasserfisch Deutschlands ist bei Pistole zu Hause. Ob als Filet, geräuchert, ganz oder nur die Leber: Spitzenköche und Kochenthusiasten sind heiß auf das feinste weiße Fleisch. Frei von Medikamenten und ausschließlich mit den Mitteln von Mutter Natur gezüchtet, ist der Waller ein reines Lebensmittel mit ehrlichem Geschmack. Wer ihm näherkommen will, fährt nach Badbergen. Da gibt's dann Waller satt zum Mitnehmen und dazu noch all die anderen Spitzenprodukte von Pistole Hardcore-Food.

Bei Interesse sogar mit Einblick in Aufzucht, Haltung und hauseigene Schlachtung. Pistole selbst erklärt das Wallerleben und die Philosophie. Neben seinem Wels vertreibt der Familienvater den Schinken Culatello, Brände, Liköre, Weine sowie Balsamessige und EchtÖle. Zwischen 70 und 80 Stunden sei er für sein Unternehmen im Einsatz. Während er mit seinem Van auf den Straßen unterwegs ist, um Waller und Co. an die Gastronomen zu bringen, stärkt seine Frau Kerstin ihm den Rücken. Sie kümmert sich um die Buchhaltung und das Familienleben, Kollege Otto-Lübker und sechs Angestellte um die Wallerzucht. Wer Achtung vor seinen Lebensmitteln hat, hat auch Achtung vor sich selbst, vor dem Leben. Darum geht es. Dem Leben, dem Lebensmittel Wertschätzung und Respekt entgegenzubringen. Genau das will Pistole Hardcore-Food: die Menschen dazu bringen, über ihre Einstellung zu Lebensmitteln nachzudenken.

PISTOLE HARDCORE-FOOD
TORSTEN PISTOL
BORNHAGENWEG 7
49635 BADBERGEN

EHRLICH HARDCORE

TORSTEN PISTOL MEINT ES ERNST MIT GUTEN LEBENSMITTELN. MIT SEINEM ROCK-'N'-ROLL-FEINKOSTHANDEL VERTREIBT DER SELBST ERNANNTE LEBENSMITTELDEALER NUR DAS, WORAN ER AUCH SELBST GLAUBT. OHNE FIRLEFANZ, AUTHENTISCH, ECHT, EHRLICH – HARDCORE GUT EBEN.

Du bist ja mehr oder weniger eine One-Man-Show, oder?

Nicht ganz. Meine Frau unterstützt mich im Backoffice und natürlich bei unseren drei Kids. Wobei das aktuell gerade ziemlich eng wird, da die Nachfrage nach unseren Produkten Gott sei Dank immer größer wird und ich so bald Unterstützung benötigen könnte. Es erstaunt mich ohnehin immer wieder, was da in den letzten eineinhalb Jahren alles passiert ist, denn länger gibt es mein Unternehmen Pistole Hardcore-Food ja noch gar nicht.

Wie bist du eigentlich auf die Idee „Hardcore-Food" gekommen?

Eigentlich ganz ohne Agentur oder andere Hilfe. Als ich TV-Koch Stefan Marquard kennenlernte, hat er mich eigentlich auf die Idee gebracht, meinen Namen zu verwenden. Also irgendwo den Namen Pistole einzubauen und daraus ist dann letztendlich Pistole Hardcore-Food entstanden. Wobei es bei diesem Namen nie um das Trendwort Hardcore ging oder um stark zu polarisieren. Das mag auf den ersten Blick auch vielleicht so aussehen, aber Hardcore bin eben nun mal auch ich. Wie meine Lieblingsband „Sick of it all", die für Ehrlichkeit, Geradlinigkeit und Echtheit steht. Es geht also um meine Hardcore-Einstellung in Bezug auf Produkte, Qualität und Nachhaltigkeit.

Die Fischzucht gehört aber nicht alleine dir, oder?

Nein. Ich bin Teilhaber und habe das alles mit aufgebaut. Über einen Ferienjob kam ich vor fast 20 Jahren mit der Wallerzucht in Berührung – und nie mehr davon los. Gemeinsam mit einem Partner haben wir eine professionelle Fischzucht im niedersächsischen Badbergen. Das Ziel: den schlechten Ruf des Wallers, des größten reinen Süßwasserfischs Europas, zu retten. Mittlerweile haben wir die Aufgaben aber aufgeteilt, heißt: Ich bin nicht mehr für die Produktion, sondern ausschließlich für die Vermarktung zuständig!

Den Waller hast du dabei ja schon wieder grandios ins Rampenlicht befördert, jetzt machst du das auch noch mit anderen Produkten?

Ja. Das ist zu einer Herzensangelegenheit geworden. Etwas für geile Lebensmittelproduzenten zu tun. Ich will einfach etwas für Kleinbetriebe und coole Typen, die megastarke Produkte am Start haben, tun. Dabei wollen wir der Industrie zeigen, dass es auch anders geht. Auf eine ehrliche Art und Weise. Das ist die Message, die ich auf meinem Weg verbreiten möchte.

Woher kommt eigentlich deine Faszination für den Waller?

Wir haben einen Süßwasserfisch gesucht, der grätenfrei ist, der weißfleischig ist und sich in Gefangenschaft gut reproduzieren lässt. Dadurch sind wir dann sehr schnell beim Europäischen Waller hängen geblieben.

Pistole
HARDCORE-
FOOD

Hast du immer schon gern gefischt?

Ja. Schon als kleines Kind bin ich jede freie Minute an den See und habe eine Rute ausgeworfen. Die Leidenschaft fürs Angeln ist auch über die Pubertät hinaus bestehen geblieben und somit wurde aus dem Hobby der Beruf.

Wie kommt es, dass der Waller im Vergleich zum „normalen Wels" nach wie vor noch eher unbekannt ist?

Ganz so unbekannt vielleicht nicht, aber er hatte immer den schlechten Ruf, dass er etwas modrig ist, also nach Erde schmeckt. Das haben wir aber so richtig genial hinbekommen. Unser Fisch schmeckt rein und unverfälscht, pur nach Mama Natur.

Wie man immer wieder beobachten kann, trinkst du auch gern aus den Becken, in denen die Fische gehalten werden?

Damit will ich unseren Kunden und Gästen klarmachen, dass bei uns die Qualität vorn und hinten passt. Manche fragen mich danach, ob ich denn wahnsinnig sei, dass ich das Wasser davon trinke, aber hey: Wenn unsere Fische darin schwimmen, die wir dann essen, warum soll ich denn nicht auch davon trinken?

Wie schaffst du es, auf Antibiotika zu verzichten?

Das ganze System ist ein starkes System in sich selbst. Es können bei uns keine negativen Einflüsse hochkommen. Der größte Bullshit überhaupt ist, wenn man versucht, immer alles klinisch rein und sauber zu bekommen. Die Kunst ist es, immer genügend positive Mikroorganismen einzubringen. Dadurch können sich keine Mikroben oder Ähnliches ausbreiten, weil sie von der dominierenden Bakterienart einfach umgebaut werden. Das funktioniert überall, nicht nur bei den Fischen, sondern etwa auch im Gemüsegarten.

Welches Stück vom Waller ist dein Favorit und wie isst du es am liebsten?

Ich esse alles am liebsten. Filet, Bäckchen oder Leber, ich könnte da keinen Favoriten ausmachen. Für mich ist das ganze Tier der Hammer. Und das will ich ja auch den Leuten klarmachen: die gesamte Verwertung eines Tieres.

Wie schlachtet ihr den Fisch?

Durch einen Schlag auf die Schädeldecke, dann werden sie ausgeweidet und im Verarbeitungsraum filetiert. Alles per Hand. Zum Schluss in Vakuum verpackt und an den Gastronomen verschickt.

Du vertreibst ja auch noch Culatello, Brände, Liköre, Weine sowie Balsamessige und EchtÖle. Soll das Sortiment noch breiter werden?

Ich bin jetzt erst mal wirklich an einem Punkt angelangt, wo ich das allein so nicht mehr schaffe. Also aktuell geht nicht mehr. Aber das Ziel von Hardcore-Food ist es, geile Produzenten, die kein bestehendes Netzwerk haben, zu unterstützen. Ihnen eine Plattform zu geben. Das ganze Ding soll aber stetig langsam und behutsam wachsen. Wenn sich also weitere Produzenten finden, die bereit sind, auch unseren Spirit weiterzutragen, wird das Sortiment selbstverständlich noch breiter werden und wachsen.

Welches Produkt findest du derzeit gerade besonders spannend?

Am meisten geflasht hat mich zuletzt gereifter Bergkäse. Aber es gibt so viele geniale Produkte und Anfragen, dass es uns in Zukunft bestimmt nicht fad werden wird. Außergewöhnlich finde ich auch die Philosophie von Winzer Alexander Danner. Er vinifiziert Riesling, Spätburgunder und die weißen Burgundersorten mit bestechend eigenem Charakter. Dabei setzt er auf teils ungewöhnliche Methoden wie den Einsatz effektiver Mikroorganismen im Weinberg, um das Bodenleben nachhaltig positiv zu beeinflussen. Der ist auch Hardcore, denn er gibt den Weinen die Zeit, die sie brauchen.

Woher kennst du eigentlich den Christoph?

Über wen wohl? Über Stefan Marquard natürlich. Der hat mich an Christoph Brand für eine Veranstaltung empfohlen. Wir haben uns sofort super verstanden und schwimmen seitdem auf einer Wellenlänge.

Deine Assoziation zum Sonntagsbraten?

Der Sonntagsbraten symbolisiert für mich viel mehr das Miteinander. Das An-einem-Tisch-Sitzen. Im Endeffekt ist es aber schnurzegal, ob das der Sonntagsbraten ist oder eine grandiose Schüssel Pasta. Wir sollten uns alle wieder viel öfter gemeinsam an einen Tisch setzen, entschleunigen und miteinander reden.

„UNSER FISCH SCHMECKT REIN UND UNVERFÄLSCHT, PUR NACH MAMA NATUR."

– TORSTEN PISTOL

MAKING-OF

„DAS GRÖSSTE WAR, DASS DIE GANZE ZEIT DER GESCHMACK FÖRMLICH IN DER LUFT LAG, MAN HAT IMMER GESPÜRT, WIE VIEL LIEBE, HERZBLUT UND ARBEIT IN ALLEM STECKT, WAS WIR GESEHEN UND ERLEBT HABEN."

OLIVER

DAS PRINZIP SONNTAGSBRATEN MIT DEN WORTEN MEINER MUTTER

Diese Tradition habe ich schon von meiner Mutter übernommen und Christophs Oma hatte sie schon von ihrer Mutter übernommen und so hat er sie heute auch mit seiner kleinen Familie von mir übernommen. In einer großen Familie mit sechs Töchtern hatten meine Eltern damals alle Hände voll damit zu tun, uns satt zu bekommen. Sie haben das in ganz fabelhafter Manier gemeistert und mit ein paar kleinen Regeln und viel Respekt vor jedem Lebensmittel geschafft.
Vielleicht sind meine Erzählungen und das, was Christoph davon noch mitbekommen hat, sogar ein bisschen Anstoß für das Buch bzw. die Idee dahinter. Vielleicht ist der Sonntagsbraten auch nur symbolisch für zusammen mit der Familie zu essen, dieses Gefühl, zusammen an einem Tisch zu sitzen, die kleinen Probleme zu besprechen und den Tag Revue passieren zu lassen. Das gemeinsame Essen ist und sollte eine der Konstanten am Tag sein, zwischen Arbeit, Alltagsstress, Nintendo und Bibi und Tina, für seine Kinder, die Familie und auch für einen selbst. In dem Prinzip – so wie ich das Buch für mich verstehe – geht es ja gar nicht darum ständig Sonntagsbraten bzw. Fleisch zu essen, sondern viel mehr darum, die Woche über gut und auch gern einfach zu essen, und der Sonntag krönt dann die ganze Woche mit dem (Sonntags)Braten.

Dabei heißt einfach nicht immer einfach, gerade die kleinen Gerichte und aus wenig viel zu machen ist für mich die große Kunst beim Kochen. Ich habe früher für meine drei Jungs, sprich Christoph und seine beiden Brüder, täglich gekocht und das immer mit Abwechslung, ausgewogen und bezahlbar, denn wenn die drei heranwachsenden „Kerle" zugeschlagen haben, brauchte man schon die ein oder andere Portion.
Ich hätte mir damals gewünscht, dass man die ein oder andere Anregung von außen bekommt, und somit freue ich mich sehr, dass Christoph mit seinem Buch nicht gleich die ganze Welt rettet, aber zumindest für ein bisschen kulinarische Liebe in der Küche und im Esszimmer sorgt.

Monika Brand

DAS ALLERLETZTE WORT VON MIR...

... nach diesen 14 Tagen, die es letztendlich gedauert hat, bis alle Freunde, Produzenten und Köche besucht, gedreht und geshootet waren, sind wir am Ziel. Sechs Monate später ist die Idee, „Das Prinzip Sonntagsbraten" in ein Buch zu packen, nach ein paar Tausend gefahrenen Kilometern zwischen Bayrischem Wald, Osnabrück, der Pfalz, dem Hohen Meißner und rund um Kassel aus meiner Sicht mehr als gelungen.

Vielen Dank dafür vor allem an Pascal Kerouche, der als Einziger jede Minute mit mir dabei sein musste und wirklich großartige Bilder abgeliefert hat, an Eddy, Marc und vor allem an Franzi, die irgendwo zwischen lektorieren, Fotos finden und meinem Chaos die Ordnung bewahrt hat, an Georg Hoffelner fürs Verstehen, die sehr nahen Texte und die Interviews mit Hubi und Julia auf dem Hof der Tierfairbrik, mit Christoph Hammel in seinen Weinbergen, mit dem Kollegen „Pistole" beim Schwimmen mit seinen Wallern und seinem Hardcore-Food und natürlich mit Matthias Pflüger und seiner Mutter Roswitha zwischen den Ahler Würschten und der Jausenstation. Danke auch an Jürgen Pichler und die Rolling Pin fürs Dabeisein und die Zeilen von Georg. Vielen Dank an die Edition Michael Fischer fürs Vertrauen, besonders an Juliane und Rebecca, an Wolfgang Otto für das ein oder andere Kotelett, an ASA Selection GmbH, da vor allem an Anke Thran für die megagute Zusammenarbeit, an Thorsten Bangerth von Kochlegenden Produktionen und an Tefal für Töpfe und Pfannen, an Volker Debus und Paul Ripke für den kleinen Bildsupport.

Den größten Brocken Dankeschön bekommen natürlich meine Freunde und Gastköche, die zwischen engem Terminkalender und 1000 Sachen im Kopf trotzdem alle irgendwo, irgendwie die Zeit gefunden haben, dabei zu sein. Danke „Lucki" Ludwig Maurer auch für die warmen Worte zum Einstieg, an Stefan Marquard, Sascha Stemberg, an Heiko Antoniewicz, an Meta Hiltebrand, Katja Hack, Wolfgang Müller, an Veronique Witzigmann und meinen Bruder Sebastian Brand.

Für Katja Hack gibt es noch Extrasternchen und Blumen für die „Backstage"-Küchenhilfe bei allen Shootings und vor allem für die Hilfe, die Rezepte dann zu Papier zu bringen. DANKE!

Danke auch an die Fliegende-Köche-Gang, die den Laden zusammengehalten hat, während ich unterwegs war. Dabei in erster Linie an Sascha „Ghettofaust", an Eni und Sabrina, meine Küchenjungs und -mädels Alex, Paul, Max, Moritz, Dirk und Sonja, an die HEIMAT für die Schützenhilfe beim Shooting, an Mario, Marcel, Stefan, Katharina und Vio. Mein ganzes Herz und alle Liebe gehören den vier wichtigsten Frauen in meinem Leben, meiner Ma für die Worte zum Schluss, meiner besten Frau der Welt Annett und natürlich meinen zwei Sonnenscheinen Anni und Jule.

DANKE

IMPRESSUM

Bibliografische Information der Deutschen Bibliothek.

Die Deutsche Bibliothek verzeichnet diese Publikation in der deutschen Nationalbibliografie. Detaillierte bibliografische Daten sind im Internet über http://www.d-nb.de/ abrufbar.

EIN BUCH DER EDITION MICHAEL FISCHER

1. Auflage 2017

Fotos: Pascal Kerouche, Paul Ripke (Seite 73), Volker Debus (Seite 37 und 74)
Covergestaltung: Christoph Brand, Rebecca Leiner
Redaktion und Lektorat: Juliane Rottach
Layout: Rebecca Leiner
Satz: Rebecca Leiner

ISBN 978-3-86355-676-1

Printed in Slovakia

www.emf-verlag.de